일 잘하는 사람은
논어에서 배운다

절대 흔들리지 않는 공자의 일의 법칙

일 잘하는 사람은
논어에서 배운다

김은애 지음

알에이치코리아

추천사

인스타그램은 누구나 자신을 자유롭게 표현할 수 있는 표현의 자유와 다양성이 살아 숨 쉬는 플랫폼이다. 그 주제는 패션, 뷰티를 넘어 여행, 책, 인테리어, 요리 등 다양하다. 인스타그램은 진화하여 철학과 지혜를 나누는 공간으로도 성장하고 있다. 누구나 자신이 좋아하는 것, 좋아하는 사람을 따르고 만나는 공간인 인스타그램을 누구보다 잘 활용하는 사람이 바로 저자다. 그녀는 매주 인스타그램 라이브를 통해서 많은 팔로어들과 소통하고 지혜를 나눈다. '그레이스 라방'으로 알려진 인스타그램 라이브에서 저자는 삶, 커리어, 직장인의 패션까지 다방면의 노하우를 들려준다.

이 책《일 잘하는 사람은 논어에서 배운다》는 공자의《논어》를 저자의 HR 전문가로서의 커리어를 바탕으로 쉽게 해석한 책이다. 특히《논어》를 인사 전문가의 입장에서 회사 상황에 대입해보고 여러 해결점을 제안하는 저자의 모습은, 인스타그램 라이브에서 댓글로 소통하고 자신이 가진 것을 나누는 저자의 모습과 겹쳐 보인다. 저자와 꼭 같은 책이 나온 것이다. 이 책을 읽으면 기원전 5세기에 살았던 공자의 지혜와 인사 전문가로서 다양한 리더들을 만나고 소통한 저자의 지혜가 합쳐져서

5

우리는 손쉽게 지혜의 언덕에 기대어 《논어》라는 거인의 어깨에 슬쩍 올라타고 갈 수 있을 것이다.

__메타코리아 인스타그램 홍보 총괄. **정다정 상무**

첫 만남의 첫 느낌으로 사람을 판단하는 것이 어쩌면 내 고정된 선입견일 수도 있겠다 생각해서 지양하려고 했던 적이 있습니다. 사람의 인연이라는 게 어쩌면 이 드넓은 우주에서 헤아릴 수 없을 정도로 실타래처럼 얽혀 있고 또 그 실오라기 하나로 수십 개의 귀중한 배움과 나눔이 있을 수도 또 그 반대일 수도 있다는 것을 알게 되었을 즈음입니다.

동종업계에 드문 여자 임원으로 첫 캐주얼한 업무 미팅을 했던 계기로 만나 4년 넘게 지지하고 많은 것을 나누고 있는 그녀와의 인연은 참 소중합니다. 신기하게도 첫 만남부터 여러 가지 일과 삶에 대한 밀도 깊은 대화들을 나눴는데, 사람의 관계라는 게 참 상호 작용이어서 그녀와의 만남에서는 서로의 일과 관계 그리고 삶에 대해 항상 열정적인 의견 교류와 조언이 가득했습니다. 때로는 객관적이고 날카로운 충고와 의견도 있었는데, 그러한 서로의 티키타카 속에서도 중심을 잃거나 단 한 번도 서로 간에 마음 상함이 없던 것이 되짚어 보건데《논어》에서 배우고 터득하고 현실에서 되짚고 실천하려는 애씀의 노력에서 비롯된 거라 이 책을 읽으며 명현하게 느낍니다.

비슷하게 회사 생활을 근 20여 년 해온 가운데 가정과 일 그 사이에서 줄타기하듯 긴장하며 지내온 워킹맘으로서 이제서야 가장 확고하게 드는 생각 중에 하나가 '내 마음챙김'입니다. 물리적으로 정해진 시간 속에서 여러 가지 미션들을 처리하다 보면 결국 내 마음의 소리와 챙김은 뒷전으로 가게 되지요. 그렇지만 결국 순간순간 차분하게 내 마음의 소리를 듣고 어떠한 명분이라도 다짐의 계기가 생긴다면 어쩌면 걱정했던 여러 가지 복잡한 일들이 한 번에 풀리게 되는 계기가 되기도 합니다. 말 그대로 내 마음챙김의 노력이 나의 태도의 디그니티^{dignity}를 지키고 직면한 일들도 더 현명하게 풀어나갈 수 있는 현답을 줍니다. 결국 모든 것은 '나'로 인해 비롯되는 것이죠.

그런 의미에서《일 잘하는 사람은 논어에서 배운다》를 추천합니다. 말 그대로 고전에서 찾는 지혜와 현명함이 지금 현재를 살아가는 우리네 삶에 너무 잘 들어맞는 멘토가 되어주는 게 신비롭기 그지없습니다. 그래서 마치 오래 기다린 OTT 시리즈물처럼 다음 내용이 궁금해지고, 한 번씩 내가 회사에서 혹은 관계에서 느끼는 어려움이 있을 때 다시 한번 내 태도를 점검해보고 평소와 다른 결론을 낼 수도 있게 도와주도록 꺼내 보게 되는 책이 될 것 같습니다.

새로 시작하는 한 해를 그 누구보다 소중한 '나'의 챙김의 실천으로《일 잘하는 사람은 논어에서 배운다》로 열어보는 게 어떨까요?

__디블렌트 컨텐츠마케팅본부 상무, **전수경 음악감독**

등산을 처음 시작할 때 설렘과 기대감은 이루 말할 수 없습니다. 정상에서 바람을 맞으며 땀을 식히고 있는 대견한 나의 모습을 상상하며 물과 달콤한 간식을 배낭에 넣고 등산화의 끈을 조여 맵니다. 막상 등산을 시작하게 되면 끝이 보이지 않는 험난한 산길에 중도 포기하고 싶은 고비를 몇 번이나 맞이하게 되지만 언제부터였는지 모를 깊게 패인 앞사람의 발자국이 나에게 천천히 따라오라며 안내를 해주고 정상을 찍고 내려오는 사람의 "조금만 더 힘내세요. 다 왔어요"라는 외침에 또 한 번 용기를 내어 한 걸음 한 걸음 내딛게 됩니다.

가도 가도 끝이 없는 직장이라는 산을 오르고 있는 우리에게 《일 잘하는 사람은 논어에서 배운다》라는 책은 《논어》의 정확한 언어로 세심한 길 안내를 해주고 있습니다. 거기에 저자가 25년 이상 직장 생활 속에서 마주한 다양한 사람들과의 경험과 노하우를 전하며 "넌 혼자가 아니야 같이 가 줄게"라며 따스하게 손을 내밀고 있습니다.

지혜를 나누며 도전할 수 있도록 용기를 주는 멘토가 필요한 당신, 지금 이 손을 잡으세요.

__ '신박한 정리' 공간 크리에이터, **이지영 대표**

어디에도 나의 멘토는 없었다

학교를 졸업하고 사회에 첫발을 내딛었을 때, 가장 먼저 느낀 감정은 해방감이었습니다. 진짜 어른이 된 듯한 착각이 들었습니다. 모르는 것은 배우면 될 것이고, 아는 것은 확인하면 될 것이고, 불편한 것은 소통하면 될 거라는 자신감으로 가득 차 있었습니다. 지금 생각하면 순진무구했었습니다.

직장이라는 사회는 평범한 사람들, 평범함을 넘어 비범한 사람들, 평범함이 아까운 소인배 같은 사람들이 한데 어우러진 곳이었습니다. 가정의 부모와 같은 역할을 해줄 사람을 기대하지는 않았지만, 최소한 나에게 관심을 갖고 나의 커리어에 대한 고민과 애정을 주는 사람은 있지 않을까 생각했지만 안타깝게도 찾아볼 수 없는 곳이었습니다. 요즘 말로 표현하자면 '멘토'가 없었습니다. 일명 '사수'라고 정해준 대리님은 내가 여자라는 이유로 업무를 많이 알려주지도 않았을뿐더러 매일 윗분들과 사적인 자리를 만드는 데 여념이 없었습니다.

그러던 어느 날, 퇴근하고 무심코 들어간 아버지 서재에서 예스럽지만 기품 있어 보이는 《논어》를 만나게 되었습니다. 젊은 시절 한학을 공부하신 아버지는 공자, 맹자, 중용, 대학 등 사서삼경을 익히셨습니다. 한글보다 한자가 많은 일명 '아버지 논어'는 그렇게 얼굴을 내밀고 제 앞에 있었습니다. 그때의 강렬함은 지금도 그 책의 표지 그리고 책 냄새까지 또렷하게 기억합니다. 이후에도 아버지 서재에는 현대어로 다양하게 해석된 《논어》 책들이 하나둘씩 자리를 잡으면서 자연스레 펼쳐볼 기회가 많아졌습니다. 멘토도 없고 나에겐 관심도 없는 사수에 대한 서운함 대신 퇴근 후 펼쳐보는 《논어》에서 오히려 더 위안을 받았습니다.

'남이 나를 알아주지 않는 걸 걱정하지 말고, 내가 다른 사람을 알아주지 않은 것을 걱정해라.'
'군자는 도를 도모하지, 먹을 것을 도모하지 않는다.'
'소인은 혜택받을 것만 생각한다.'

결혼하면서 아버지 서재에서 두세 권의 《논어》 책을 신혼집으로 가져왔지만 어디에 꽂아 놓았는지 모를 정도로 결혼, 출산 그리고 육아는 자연스럽게 《논어》를 멀리하게 했습니다. 그러던 2012년 봄, 성균관대학교에서 외국계 기업 채용 담당자들을 학교 설명회에 초대한 일이 있었습니다. 남산의 고급 호텔에서 멋진 식사와 다양한 경품까지 준비된 규모가 큰 행사였습니다. 육아 때문에 퇴근 후의 행사가 부담스러웠지만 당시 다양한 외국계 기업 채용 담당자들과의 네트워킹도 중요한 업무의 일환이었기에 참석하기로 했습니다.

설명회는 성황리에 끝이 나고, 마지막 경품 추첨만 남겨 두고 있었습니다. 1등 경품은 모든 참석자들이 의아해했던 성균관대학교 유교문화연구소에서 출판한 유교경전번역총서 《논어》, 《맹자》, 《대학》이었습니다. 학교 설명회답게 노트북, 휴대폰, 호텔 숙박권 등을 제치고 1등 추첨 경품이 된 듯했습니다. 그보다도 나는 집에 있을 아이와 남편을 생각해 먼저 자리를 뜨려고 했습니다. 그 순간, 경품 1등 당첨자가 호명되었습니다. 그리고 무게만큼 듬직한 유교경전이 내 품에 안기며 다시 《논어》의 지혜가 내 인생에 들어왔습니다.

《논어》의 어깨 위에서 세상을 보라

인생의 첫 번째 공부가 학창 시절의 공부라면, 인생의 두 번째 공부는 직장 생활의 공부라고 생각합니다. 두 가지 공부 모두 삶을 살아가는 데 있어 중요합니다. 하지만 가장 큰 차이점이 있습니다. 학창 시절의 공부는 누군가 정답을 가르쳐줄 수 있는 문제들로 채워져 있습니다. 도움을 받을 수 있는 선생님, 기타 기관 등 여러 검증된 방법들이 많습니다. 설령 적시의 기회를 놓쳤더라도 다시 배우고 익힐 수 있습니다.

　하지만 직장 생활에서의 공부는 어떤 가요? 정답이 없습니다. 어느 누구도 정답이라고 알려주지 않습니다. 다시 배우고 익히려면 많은 손해를 감수해야 합니다. 《논어》는 그런 나에게 멘토가 되어 주었습니다.

　If I have seen further it is by standing on the shoulders of Giants. _Isaac Newton
　내가 더 멀리 보았다면 이는 거인들의 어깨 위에 올라서 있었기 때문이다. _아이작 뉴턴

　뉴턴이 언급한 '거인의 어깨'는 이미 BC 500여 년 전 공자가 '온고지신(옛것을 익히고 새로운 것을 앎)'을 통해 전했습니다. 우리가 학교에서 뉴턴의 이론을 배우는 것도 온고지신에 해당합니다. 과거 위대한 사람들의 위대한 경험을 배우고 익힌 것입니다. 이것은 우리가 거인의 어깨 위에 올라서서 더 멀리 보고 많이 볼 수 있다는 것을 뜻합니다. 지혜와 통찰력 그리고 더 나아갈 수 있는 힘의 원동력은 공자의 어깨인 《논어》에 있었습니다.

　《논어》에는 "정답이 없다. 길이 있을 뿐이다"라는 말이 있습니다. 《논어》를 접하다 보면 자주 반복되는 단어와 말이 많습니다. 하지만 같은 말도 내가 처한 상황과 생각의 폭에 따라 늘 다른 깨우침이 있었습니다. 십여 년 전 우연히 《논어》를 펼쳤을 때 만난

첫 구절 '재사가의(再斯可矣, 두 번 검토했으면 괜찮다)'도 그랬습니다. 25년 가까이 직장 생활을 하면서 매일매일이 수많은 일과 결정의 연속이었습니다. 답답하고 두렵고 자신감이 없을 때 나에게 용기를 주었던 말이 '재사가의'였습니다. 이렇듯 《논어》는 불쑥 필요할 때 나에게 지혜와 현명함 그리고 통찰력을 주었습니다. 정답은 없지만 늘 길이 보였습니다. 그 원동력이 오늘도 출근하는 나를 일으킵니다.

공자의 지혜로 하나가 되다

지금은 경험과 생각을 실시간으로 누군가와 나눌 수 있는 SNS 시대라고 할 수 있습니다. SNS의 가장 긍정적인 역할은 소통입니다. 전 세계를 멈추게 했던 코로나 시기에 SNS 소통은 사람 사이의 단절된 소통을 연결하고 또 다른 범세계적 연대감을 형성했습니다. 특히 코로나 시기에 가장 활발한 SNS는 인스타그램이었습니다. 하지만 나는 가끔 아이들 사진 또는 읽은 책들을 업로드하는 정도였을 뿐, 친구들이 인스타그램으로 안부 메시지를 보내와도 답장을 제대로 하지 못할 만큼 익숙하게 사용하고 있지 않은 상태였습니다.

그러던 2021년 겨울 어느 날이었습니다. 인스타그램 DM 알람 소리에 메시지를 확인한다는 것이 그만 인스타그램 라이브 기능을 작동시킨 것입니다. 당황하는 사이 이미 서너 명의 사람들이 라이브에 들어왔고, 인스타그램 라이브 특성상 상대가 보이지 않으니 어느 타이밍에 라이브 기능을 꺼야 하는지 감이 오지 않아 그렇게 나의 첫 인스타그램 라이브가 시작됐습니다. 해프닝처럼 시작된 인스타그램 라이브 방송은 마치 숙명처럼 매주 '그레이스 라방'이라는 이름으로 2022년 1월부터 지금까지 100회가 넘는 라이브 방송을 통해 만 명이 넘는 인스타그램 팔로어들과 다양한 소고를 나누고 있습니다.

'그레이스 라방'의 큰 틀은 늘 공자와 《논어》였습니다. 라이브 방송에 참여하는 팔로어분들은 대부분 직장인들입니다. 특히 워킹맘과 경력 단절 여성들 그리고 이제 막 사회생활을 시작한 초년생들, 넓게는 이미 은퇴한 경력자들까지 다양한 직장인들이 참여하여 댓글을 통해 자신들의 경험 그리고 지혜를 활발하게 나누었습니다. 매주 주제를 정하고 그 주제에 대한 나의 소고를 나누는 라이브 방송은 직장 내 근심과 어려움, 인간관계 그리고 나의 성장과 삶에 대한 성찰을 공유하는 데 초점을 두었습니다. 그 바탕에 《논어》가 있었기에 가능했습니다.

라이브 방송은 한국뿐만 아니라 미국, 두바이, 이집트, 중국, 일본을 비롯해 영국, 호주 등 전 세계에서 멋진 라이프와 커리어를 만들고 있는 수천 명의 팔로어들과 함께하고 있습니다. 라이브 방송이 끝나는 주말이면 《논어》를 처음 접했지만 오늘을 사는 내 이야기가 담겨 있다는 피드백, 서점에서 처음으로 《논어》 책을 구입했다는 인증 숏 등 수많은 사연의 메시지를 받습니다. 그럴 때면 어느새 공자의 지혜가 팔로어분들의 인생에 중심이 되어가는 듯하여 뿌듯하기도 합니다.

인스타그램 '그레이스 라방'《논어》이야기를 접한 한 분이 나를 '헤이조이스' 강연자로 추천해주신 덕분에 강연을 하게 되었습니다. 공자가 내게 멘토가 되어 주었던 것처럼, 나도 직장 내 멘토도 없고 길잡이가 되어줄 누군가가 없는 수많은 직장인들에게 도움을 줄 수 있는 뜻깊은 시간이었습니다.

그리고 거짓말처럼 이후에《논어》강의 요청과 출판 요청이 들어왔습니다.《논어》전문가도 아니고 동양철학과 한학을 공부해 본 적도 없는 터라 섣불리 용기를 내지 못했습니다. 그럼에도 불구하고 일 년을 꾸준히 지켜봐준 RHK 출판사 덕분에《논어》를 주제로 전문 서적이 아닌 평범한 직장인으로서 어떻게《논어》를 삶과 커리어에 녹여왔는지를 공유하는 책을 쓰게 됐습니다. 그래서《논어》원문의 해석과 달리 내 삶에서 내 방식대로 경험하고 느끼는 것들을 최대한 담으려고 노력했습니다.

여기저기 많은 부분이 부족하고 어설픕니다. 누군가에게 길이 되어준《논어》를 소개받는다는 따뜻한 시선으로 봐주시면 진심으로 감사드리겠습니다. 이 책은 처음부터 차례대로 읽지 않아도 좋습니다. 마음 가는 말과 누군가의 경험을 그때그때 펼쳐봐도 좋습니다. 이 책에는 498개의《논어》전문을 다루지 않았습니다. 나의 일과 삶에 많은 영감을 준 말들을 위주로 이루어져 있습니다. 그리하여 이 책을 계기로 많은 분들이 《논어》에 쉽게 다가갈 수 있다면 좋겠습니다.

끝으로 이 책이 기획되고 출간되는 모든 과정을 가능하게 한 원동력이 있습니다. 보이지 않는 곳에서 응원해주시고 지지해주신 인스타그램 인친님들입니다. 라이브 커머스가 만연한 SNS 세상에서 공자와 《논어》를 이야기하고 우리의 삶과 미래를 나눌 수 있는 기적과 같은 소통의 장이 될 수 있게 해주셨습니다. 머리 숙여 깊은 감사와 존경의 마음을 보냅니다. 진심으로 감사드립니다.

김은애

차 례

(PART 1) 기본에 충실한 커리어

(PART 2) 흔들리지 않는 일의 태도

PART 1

기본에 충실한
커리어

T자형 인재가 되라

자 왈 군 자 불 기
子曰 君子不器

위정 12

공자께서 말씀하시길, "군자는 그릇이 아니다."

《논어》는 공자의 말을 모아 놓은 어록 같은 책입니다. 서양에서도 《논어》를 'The Analects(Discourses) of Confucius', 즉 '공자의 어록' 또는 '담화'라고 설명합니다. 2,500년이 넘는 시간 동안 공자의 말이 우리 삶에 영향을 끼친다는 것은 시대와 세대를 넘는 진리에 가까운 지혜가 담겨 있기 때문입니다.

2020년 이후 우리는 수많은 변화를 겪어 왔습니다. 그중 가장 먼저 일터의 모든 것이 빠르게 변화했습니다. 코로나가 몰아치면서 시작된 대량 해고에 이어 위드 코로나With Corona와 함께 시작된 '조용한 사직' 그리고 포스트 코로나Post Corona에 이어지는 '대퇴사' 현상까지 매년 다이내믹한 일터의 변화에서 우리에게 필요한 커리어의 지혜는 무엇일까요?

1장 기준에 충실한 커리어

단연코 '군자불기君子不器*'라고 말할 수 있습니다. 직역하자면 '군자는 그릇이 아니다'입니다.

우리는 사람의 역량 또는 자격을 논할 때 '그릇'이라는 표현을 자주 사용합니다. 옛날 중국에서는 그릇을 사람의 품성에 비유한 경우가 많았습니다. 대기만성(大器晚成, 큰 그릇을 만드는 데 시간이 오래 걸리듯이 크게 될 사람도 늦게 이루어짐)도 마찬가지입니다. 그릇을 나타내는 기器가 쓰였습니다.

특히, 인사철에 승진 발표가 나면 구성원들 사이에 흔히 이런 말들이 오고 갑니다.

"그 사람은 CEO 그릇이 아닌데 어떻게 이번 정기 인사에 사장이 됐지?"

"이 친구는 그럴 만한 그릇인데 이번에 왜 승진이 안 됐지?"

그만큼 개인의 자질과 역량을 표현하는 말로 그릇이 자주 사용됩니다.

그렇다면 '군자는 그릇이 아니다'는 말은 무슨 의미일까요? 이는 사람이 언제든지 다양한 역할을 해낼 수 있다는 뜻입니다.

---

* 器(기): 도와 상반되는 개념으로 형체를 갖춘 구체적인 기물을 가리키는데, 여기서는 오직 한 가지의 전문적 기능만을 가진 인재를 뜻한다.

과거에 잘나간 산업 또는 직군이 지금은 아예 존재하지 않는 경우가 허다합니다. 코로나 전후 산업군의 변화만큼 직무에도 많은 변화가 있습니다. 우리가 미처 새로운 환경에 적응하고 변형된 직무를 습득할 시간을 주지 않고 있습니다.

그럼, 우리는 스스로의 경쟁력을 어떻게 길러야 할까요? 과거에는 한 분야에서 전문성으로 오랜 경력을 유지하면 경쟁력이 있다고 생각했습니다. 이를 스페셜리스트^{Specialist}라고 불렀습니다. 그러나 스페셜리스트는 시시각각 변화하는 다양한 시장에 유연하게 대처하기가 힘듭니다. 게다가 전문성을 요하는 영역은 점점 인공지능^{AI}과 ChatGPT 등으로 이동하고 있습니다.

한편 폭넓은 경험과 지식 그리고 다양한 분야의 정보를 바탕으로 여러 분야의 사람들과 소통할 수 있는 제너럴리스트^{Generalist}도 있습니다. 하지만 평생 직장의 시대가 사라지고 있는 요즘, 직장의 의존도가 높은 제너럴리스트는 자립의 한계에 부딪칩니다. 회사가 외부 환경으로 무너졌을 때 이직을 어렵게 할 수도 있습니다. 특정 회사의 제너럴리스트로 특화되었기 때문입니다. 우리는 코로나 시기에 많은 제너럴리스트가 겪은 어려움을 알고 있습니다.

공자는 "군자는 그릇이 아니다"라고 말했습니다. 한 가지 목적에만 활용되는 그릇처럼 전문적이거나 특정한 일만 다루는 사람이 아니라는 뜻입니다. 현대 사회로 비유하자면 군자는 'T자형 인재(융합형 인재)'라고 할 수 있습니다. 'T'라는 글자 모양은 'T자형 인재'의 세 가지 핵심 요소를 나타냅니다.

- 깊이 있는 전문 지식Vertical bar of the T : 'T'자의 세로줄은 특정
  분야의 깊이 있는 전문 지식을 상징한다.
- 다양한 분야에 대한 폭넓은 이해Horizontal bar of T : 'T'자의 가로
  줄은 여러 분야에 대한 이해와 지식을 상징한다.
- 융합된 지식과 능력Intersection of the T : 'T'자의 세로와 가로가 만
  나는 교차점, 즉 수직과 수평이 만나는 점은 전문 지식과 다양한
  지식이 결합하여 창의적이고 유연한 문제 해결과 협업 능력을
  의미한다.

정리하면 제너럴리스트에 준하는 폭넓은 경험과 지식을 갖추
되, 스페셜리스트처럼 전문 지식을 갖춘 인재를 가리킵니다. 즉,
특정 분야에 대해서는 깊이 있는 전문성을 발휘하면서 동시에 연
관된 다른 분야와의 연결을 통해 창의적으로 문제를 해결하는 융
합적 사고가 가능한 인재를 말합니다.

지금 여러분이 스페셜리스트라면 제너럴리스트의 경험과 소
통 능력을 키워야 하고, 반대로 제너럴리스트라면 그동안의 커리
어를 점검해 보고 여러분의 전문성을 설명해 줄 수 있도록 최소한
하나의 업무에는 정통해야 합니다. 즉, 공자의 '군자불기'는 우리
의 일과 커리어에 던지는 메시지라고 할 수 있습니다.

공자가 말하는 MBTI

자 왈 지 자 요 수 인 자 요 산 지 자 동 인 자 정 지 자 락 인 자 수
子曰 知者樂水 仁者樂山 知者動 仁者靜 知者樂 仁者壽

옹야 21

공자께서 말씀하시길, "지혜로운 사람은 물을 좋아하고, 어진 사람은
산을 좋아하며, 지혜로운 사람은 동적이고, 인자한 사람은 정적이다.
지혜로운 사람은 즐겁게 살고, 어진 사람은 오래 산다."

산을 좋아하고 물을 좋아한다는 뜻으로 '요산요수樂山樂水'라는
말이 있습니다. 유명한 산 주변엔 '요산요수' 간판을 가진 음식점
이 있을 정도입니다. 평소 공자는 여러 제자들의 질문에 그들의
눈높이에 맞는 다양한 비유로 답했습니다. 《논어》 '옹야 21'편에
공자는 어진 사람仁과 지혜로운 사람知의 특징을 산과 물에 빗대
어 설명했습니다.

산과 물은 매우 대조적입니다. 사람들 사이에서도 산을 좋아
하는 사람과 물을 좋아하는 사람으로 나뉠 정도입니다. 어진 사람
과 지혜로운 사람도 마찬가지입니다. 산과 물이 같은 자연이지만

다른 것처럼 어짊과 지혜도 그 차이가 있습니다. 그래서 공자는 어진 사람과 지혜로운 사람을 각각 산과 물에 비유했던 겁니다. 그렇다고 어느 쪽이 더 좋고 나쁨을 의미하지는 않습니다. 산은 흔들림이 없고 늘 그 자리에서 견고하게 서 있습니다. 반면에 물은 빠르기도 하고 느리기도 하며 변화무쌍하게 주변 환경에 따라 조화를 이루며 유동적으로 변화합니다.

지혜로운 사람은 늘 주변 상황을 호기심 있게 바라보고 배움을 게을리하지 않습니다. 그리고 배운 것을 몸소 익히려 다양한 시도를 합니다. 늘 바쁘게 움직이니 즐겁지 않을 수 없습니다. 그래서 공자는 지혜로운 사람을 '물'로 비유한 게 아닐까 생각합니다.

반면, 어진 사람은 산과 같이 자신을 성찰하고 끊임없이 의심하며 신중을 기합니다. 주변 상황에 쉽게 휩쓸리지 않고 무엇이 바른길인지 스스로 점검하는 데 노력을 아끼지 않습니다. 그래서 어진 사람은 성정이 고요하고 마음이 평온하여 장수할 조건들을 갖췄다고 할 수 있습니다.

공자가 현시대를 살고 있다면 "MBTI는 무엇입니까?"라는 질문을 가장 많이 받았을 것입니다. 최근 들어 MBTI 성격 유형 도구를 활용해 소통이 부족한 사회에서 서로 이해하고자 하는 시도가 늘고 있습니다. 나 자신을 넘어 타인을 이해하고자 함은 긍정적인 현상입니다.

그러나 사람의 성향 또는 성격을 몇 가지 지표로 완벽하게 해석할 수 있을까요? 그렇지 못할뿐더러 그렇게 몇 가지 지표로 해석해서도 안 됩니다. 왜냐하면 어떤 환경에 노출되고 어떤 사람들과 상호 작용했는지에 따라서 자신의 성향과 내면은 영향을 받아 변할 수 있기 때문입니다.

특히, 사회생활의 대부분을 직장에서 보내는 성인들이 받는 영향은 매우 다양합니다. 직장에서 타인 때문에 상처받고, 자신 때문에 무너지는 경험도 합니다. 반면에, 끊임없이 새로운 자신을 발견하면서 업그레이드되는 경험도 하게 됩니다. 이런 과정을 통해 '절차탁마'(切磋琢磨, 옥돌을 자르고 줄로 쓸고 끌로 쪼고 갈아 빛을 내다)'가 됩니다.

우리 자신이 어떤 사람인지 알기 위해서는 살아가면서 다양한 경험을 통해 깎여 보기도, 빛나 보기도 해야 합니다. 그 관점에서 MBTI와 같은 정형화된 틀 안에서 나를 정의하는 것은 섣부를 수 있습니다. 많은 풍파를 거친 그 이후에 비로소 우리는 스스로를 나아가 타인을 이해할 수 있게 됩니다.

그 이후에 우리는 지혜로운 사람도 어진 사람도 될 수 있습니다. 하지만 무엇보다 중요한 것은 우리의 삶 자체를 건강하게 만드는 것입니다. 이는 나를 포함한 주변 사람들의 삶까지 건강하게 만들기 때문입니다. 이것은 분명한 진리입니다.

《논어》를 통해 공자가 우리에게 전달하고자 하는 것은, 자기

----

* 절차탁마(切磋琢磨): 학문이나 인격을 갈고닦는다는 뜻이다.

자신을 온전히 이해하기 위해 노력하고, 지혜와 인을 모두 갖춘 사람이 되어야 한다는 것입니다. 그러기 위해서는 내 자신이 가장 먼저 바로 서야 합니다.

조직을 살리는 스펙을 쌓아라

자 왈 기 불 칭 기 력 칭 기 덕 야
子曰 驥不稱其力 稱其德也

헌문 35

공자께서 말씀하시길, "천리마에 대해 그 힘을 칭찬하는 것이 아니다.
그 덕을 칭찬하는 것이다."

천리마는 하루에 천리를 달릴 수 있다고 해서 이름에 '천리'가
붙었다고 합니다. 단위로는 1리가 0.3927km라고 하니 1,000리
면 400km가 조금 안 되는 거리입니다. 400km를 좀 더 현실적인
거리로 비유하자면, 서울에서 부산까지의 거리라고 할 수 있습니
다. 요즘은 고속 철도 등 다양한 교통수단이 있지만 자동차로 최
소 4시간 이상 최대 7시간이 걸리는 거리입니다. 실제로 말이 서
울에서 부산까지 하루 만에 달려서 갈 수 있다면 엄청난 힘을 가
졌다고 할 수 있습니다. 공자는 천리마의 힘 즉, 능력을 칭찬하는
게 아니라 '천리마의 덕德을 칭찬한다'고 했습니다.

천리마는 처음부터 천리를 달리게 된 것이 아닙니다. 수없는

훈련과 노력을 통해 천리를 닿게 되는 능력을 얻게 된 것입니다. 이 능력은 단순한 결과가 아닙니다. 천리를 달리기 위해 노력했던 과정 속 끈기로 만들어진 진짜 능력입니다. 그 능력을 공자는 '덕德'이라고 표현했습니다.

우리는 보통 '덕을 쌓다'라는 말을 합니다. 훈련과 노력이 덕을 쌓듯이 켜켜이 쌓이면 역량이 되고 천리를 갈 수 있는 결과를 만들게 됩니다.

직장 조직에서도 화려한 스펙에 비해 업무 성과가 저조한 구성원을 종종 만나게 됩니다. 물론 화려한 스펙을 쌓기까지는 쉽지 않은 과정이었을 것입니다. 당연히 노력과 능력이 만들어낸 결과입니다. 그럼에도 불구하고 그 스펙이 성과로 이어지지 않는 이유는 무엇일까요?

스펙과 성과 사이의 메커니즘 때문입니다. 스펙이 특정 성과를 만들어낼 수는 있지만, 그 스펙이 지속적인 성과를 만들 수는 없기 때문입니다.

예를 들어 많은 조직에서는 채용 시 역량 있는 인재를 화려한 스펙으로 설명하곤 합니다. 경쟁력 있는 스펙은 입사라는 성과를 가져올 수 있습니다. 하지만 입사 이후 화려한 스펙은 더 이상 성과로 이어지지 않습니다. 매번 조직에서 요구하는 역량과 성과(= 목표)가 다르기 때문입니다.

이때 화려한 스펙만 믿고 안주하는 구성원과 화려한 스펙에

갇혀 있지 않고 묵묵히 꾸준하게 자신의 역량을 갈고닦은 구성원의 성과는 분명 차이가 있을 것입니다. 천리마가 하루아침에 천리를 갈 수 있는 능력이 생긴 것이 아닌 것처럼 말입니다.

우리는 더 이상 인재의 스펙이 역량이 아닌 시대에 살고 있습니다. 인공 지능의 급격한 출현은 우리 조직의 많은 일을 재구성하기 시작했습니다. 인간을 중심으로 움직였던 직무들이 이제는 기술적 효율성이라는 이름으로 해체, 소멸되거나 아웃소싱하고 있습니다.

그렇기 때문에 우리는 대체 불가능한 인재가 되어야 합니다. 과거에는 개인이 조직의 주도에 따라 수동적으로 발전하였다면, 지금은 개인이 조직의 필요에 맞는 역량을 능동적으로 개발해야 합니다. 이를 통해 우리는 조직과 상관없이 전문가로 성장할 수 있습니다. 즉, 스스로를 천리마로 단련해야 하는 시대를 마주한 것입니다.

어느 때보다 스스로 덕(德, 능력)을 쌓아야 하는 시대가 왔습니다. 공자의 말이 오늘을 사는 우리에게 주는 울림이 큰 이유가 여기에 있습니다.

일잘러를 구분하는 첫 번째 스킬

자 왈 편 언 가 이 절 옥 자 기 유 야 여 자 로 무 숙 낙
子曰 片言可以折獄者 其由也與 子路無宿諾
안연 12

공자께서 말씀하시길, "몇 마디 안 듣고도 송사를 끝낼 수 있는 사람은
자로일 것이다. 또한 자로는 승낙한 일을 다음 날로 미루는 법이 없었다."

수천 명이 넘는 제자들이 있어도 공자의 애제자로 불리는 제
자는 많지 않았다고 전해지고 있습니다. 물론 공자가 특정 제자만
편애한 것은 아닙니다. 공자의 제자들은 나이를 불문하고 다양했
습니다. 제자들 중에는 공자보다 먼저 죽은 이들도 많았습니다.
제자들의 죽음에 대해 공자가 언급한 사람은 안회와 자로가 유일
하다고 전해집니다.

특히, 공자는 자로가 죽었다는 소식에 "하늘이 나를 끊어버리
는구나"라고 말한 기록이 있습니다. 자로는 공자의 제자 중에 가
장 많은 꾸지람을 들을 정도로 공자와 부딪쳤지만, 끝까지 공자를
스승으로 따르고 학문을 게을리하지 않은 제자였다고 합니다.

이처럼 아끼는 제자 자로에 대해 공자는, 몇 마디 안 들어도 사실 여부를 잘 판단하는 사람이고, 송사를 지혜롭게 해결하는 사람이라고 칭찬을 아끼지 않았다고 합니다. 더불어 자로는 승낙한 일은 바로 실행에 옮겨 미루는 법이 없다고 했습니다. 자로를 지켜본 공자의 말을 통해 자로의 일 처리 능력을 가늠할 수 있습니다.

직장 조직에서 '일 처리'란, 개인 업무 능력의 전부라고 할 수 있습니다. 아무리 학력이 우수하고, 외국어가 능통하고, 여러 자격증이 있더라도 막상 일 처리하는 것을 보면 그 사람의 화려한 배경과 일치하지 않는 경우가 있습니다. 그래서 스펙으로만 인재를 선발하지 않는 이유입니다.

그렇다면 일 처리를 잘한다는 것은 무슨 의미일까요? 일 처리는 리더-구성원, 고객-구성원, 회사-구성원 사이의 약속입니다. 즉, 약속을 잘 지키는 것입니다. 일의 퀄리티는 그다음의 문제입니다.

일 처리의 가장 큰 지표는 무엇일까요? 일의 마감 기한을 지키는 것입니다. 인사 담당자로서 25년 가까이 뛰어난 인재들을 지켜본 결과, 흔히 '일잘러'라고 불리는 사람들은 일의 마감 기한을 엄숙할 정도로 지키고, 그것을 뛰어넘어 마감 기한보다 늘 앞서 일 처리를 했습니다. 그들은 왜 일의 마감 기한도 버거워하는 다른 사람과 달리 일의 마감 기한보다 더 앞서 일을 처리할까요?

일을 미루지 않는 일잘러들은 다음과 같은 특징이 있습니다.

첫째, 업무의 우선순위를 정할 수 있다. 우선순위에 따라 개인 역량의 에너지를 전략적으로 사용할 줄 안다.

둘째, 장기적인 커리어의 목표와 성장 욕구가 있다.

셋째, 스스로의 역량치를 체크하며 부족한 역량에 배움을 게을리하지 않는다.

넷째, 주인 의식이 강하다. 남의 일을 하는 것이 아니라 자신의 일을 하는 것이다.

자로가 현대 사회의 직장인이었다면 아마 이러한 특징을 가진 일잘러임이 틀림없었을 겁니다.

일을 잘하고 싶다면 절대 일을 미루지 마십시오. 그리고 인정받고 싶다면 기한보다 더 일찍 업무를 마무리해 보십시오.

인수인계도 사람의 격이다

자 장 문 왈 영 윤 자 문 삼 사 위 영 윤 무 희 색 삼 이 지 무 온 색
子張問曰 令尹子文 三仕為令尹 無喜色 三已之 無慍色
구 영 윤 지 정 필 이 고 신 영 윤 하 여
舊令尹之政 必以告新令尹 何如
자 왈 충 의 왈 인 의 호 왈 미 지 언 득 인
子曰 忠矣 曰仁矣乎 曰未知 焉得仁

공야장 18-1

자장이 묻기를, "영윤 자문이 세 번 영윤이 되었는데도 기뻐하는
기색이 없었고, 세 번 그 자리를 그만두면서도 서운한 기색이 없었습니다.
구임 영윤의 정치를 반드시 후임 영윤에게 알려주었다고 하는데
자문은 어떤 사람입니까?"
공자께서 말씀하시길, "충忠성스럽구나."
자장이 다시 묻기를, "인仁한 사람입니까?" 공자께서 말씀하시길,
"알 수 없지만 어떻게 인仁하다고 할 수 있겠는가?"

공자의 제자인 자장은 영윤 자문에 대해 위와 같이 묘사했습
니다. '영윤'은 중국 춘추시대 초楚나라 때의 벼슬 이름으로, 정치
를 담당한 최고 관직입니다. 최고 관직을 여러 번 했어도 개인적
인 감정에 휘둘리지 않고 그 자리를 떠날 때조차도 후임에게 완벽
하게 인수인계를 했다고 합니다. 이를 통해 영윤 자문의 일을 대
하는 자세와 성품을 읽을 수 있습니다.

《논어》를 읽을 때마다 공자와 제자들이 남긴 말을 여러 번 곱 씹어 보게 됩니다. 글자 하나하나의 뜻을 살펴보기도 하고, 해석 된 각주를 살펴보기도 합니다. 눈을 감고 타임머신을 탄 것처럼 그때의 상황으로 들어가는 상상도 해봅니다. '공야장 18'편을 상 상하면서 가장 인상 깊었던 점은 자문의 '일의 마무리'였습니다.

수십 년 인사 업무를 하면서 아무리 반복해도 힘든 일이 '일의 마무리'를 도와주는 것입니다. 인사 업무는 채용부터 퇴사까지 조 직 구성원의 생로병사라고 할 정도로 모든 과정을 관리하고 도와 줍니다.

모든 일은 시작보다 마무리가 중요하다는 말은 누구나 잘 알 고 있습니다. 그만큼 마무리가 중요하고 어렵기 때문입니다. 회사 를 그만두는 경우, 조직 내 보직 변경으로 자리 이동하는 경우, 휴 직 등으로 자리를 비워야 하는 경우 등 본인의 업무를 후임에게 인수인계해야 하는 상황은 비일비재합니다.

많은 회사들이 입사에 대한 절차는 엄격하지만 그에 반해 퇴 사 절차와 일의 마무리에 대한 절차는 상대적으로 덜 엄격합니다. 그 이유는 일의 마무리가 철저하게 개인의 역량에 의해 달려 있기 때문입니다. 절차적으로 완벽해도 형식적으로만 따를 뿐 인수인 계를 대충하고 그만두거나, 휴직에 들어가는 경우가 있습니다.

인수인계는 그 일을 하는 '사람의 격'에 해당합니다. 새로운 일 을 시작하기 위해 회사를 그만둔다면 더욱이 인수인계를 프로페 셔널하게 해야 합니다. 이를 중요하게 생각하지 않고 퇴사하는 사람은 결국 안 좋은 평판이 회사 내/외부에 영향을 미치고 새로 시작한 곳에서도 건강한 기운으로 시작하기 힘듭니다.

어느 날 퇴사 예정자가 도움이 필요하다며 저를 찾아왔습니다. 새로 이직할 회사에서 프로젝트 시작 일정이 당겨져 예정일보다 빠른 입사를 종용해 인수인계할 여유 없이 바로 퇴사해야 할 상황인데 이런 경우 어떻게 해야 하는지 물었습니다. 저는 다음과 같은 조언을 해드렸습니다.

"김 차장님, 일단 새로운 기회로 시작하게 되셔서 축하드리고 잘되실 겁니다. 제가 도와드릴 수 있는 영역은 아니지만 의견은 드릴 수 있습니다. 결정은 차장님이 하시면 됩니다. 우선, 새로운 회사가 정말 모든 면에서 우리 회사보다 나은지 다시 검토해보십시오. 일을 마무리하는 사람에게 인수인계도 하지 않고 당장 자신들의 편의를 위해 입사를 하라고 한다면 그 회사의 업무 처리 방식과 회사의 격을 알 수 있습니다. 그리고 새로 입사한 사람 없이 프로젝트가 안 돌아간다면 그것 또한 그 회사의 일의 수준을 의심해봐야 합니다. 그럼에도 불구하고 차장님이 인수인계도 없이 그 회사에 가신다 해도 저는 다른 제재 조치를 하지 않을 겁니다. 차장님이 잘되는 것이 더 중요하기 때문입니다. 다만, 일의 마무리가 차장님의 격이 되고, 결국 그동안 일 잘하시고 마무리 때문에 차장님 평판에 오점이 생기는 점은 매우 안타까울 것 같습니다."

결국, 김 차장은 새로 이직할 회사에 솔직한 자신의 의견을 전달하고 프로페셔널하게 인수인계까지 잘 마무리하고 동료들의 환송을 받으며 새로운 곳에서 일을 시작했습니다.

일의 마무리 즉, 조직에서의 인수인계는 남아 있는 사람을 위한 것이 아닙니다. 자신의 일의 품격을 그리고 자신의 격을 그대로 보여주는 대표적인 일의 모양입니다.

'공야장 18-1'편의 자문을 통해 일의 자세와 마무리의 중요성을 다시금 새겨 봅니다. 이 점이 우리가 《논어》를 수천 년이 지난 지금도 그리고 앞으로 수천 년이 더 흘러도 후세와 함께할 수 있는 이유입니다.

어떤 시기도 늦지 않았다

자 왈 오 십 유 오 이 지 우 학
子曰 吾十有五而志于學

삼 십 이 립
三十而立

사 십 이 불 혹
四十而不惑

오 십 이 지 천 명
五十而知天命

육 십 이 이 순
六十而耳順

칠 십 이 종 심 소 욕 불 유 구
七十而從心所欲 不踰矩

위정 4

공자께서 말씀하시길, "열다섯에는 학문에 뜻을 두었으며
서른에는 스스로 자립을 했다.
나이 마흔이 되어서는 미혹에 빠지지 않게 되었고,
오십에는 천명을 알게 되었다.
나이 육십이 되었을 때는 귀가 순해졌다.
칠십이 되고 나서는 마음이 하고자 하는 대로 해도 법도에 벗어나지 않았다."

공자는 기원전 5세기에 태어나 73세에 세상을 떠났습니다. 요즘은 100세 시대라고 하지만 의료 기술도 없던 기원전 시대를 감안하면 공자는 그 시대에 이미 100세를 산 거나 마찬가지입니다. 공자는 만년晩年에 자신의 삶을 10대부터 70대까지 돌아보면서

다음과 같이 말했습니다.

"나는 15세에 배움에 뜻을 두고, 30세가 되어 자립했으며, 40세가
되니 세상사에 미혹되지 않게 되고, 50세에 하늘의 뜻을 알게 되
니, 60세에 귀로 들리는 것들이 거슬리지 않게 됐고, 70세에 마음
이 하고자 하는 바를 좇아도 법도를 넘지 않았다."

중2병, 지우학 志于學

열다섯 살에 배움에 뜻을 두었다는 것은 이미 자기 진로에 대
한 의지와 믿음이 확고했다는 것을 알 수 있습니다. 열다섯 살은 우
리나라 기준으로 그 무섭다는 중학교 2학년에 해당하는 나이입니
다. 요즘 중학생들을 떠올리면 열다섯 살은 격렬한 질풍노도의 시
기면서 생애 처음으로 진로에 대한 고민을 마주하는 시기입니다.

우리는 이미 초등학교를 입학하자마자 고등학교 진학부터 대
학 입시까지 생각하는 초경쟁 시대에 살고 있습니다. 오늘날의 열
다섯 살은 공자 시대의 열다섯 살보다 더 많은 경험과 배움 그리
고 풍요로움이 있습니다.

그러나 더 좋은 환경에서조차 자신을 돌아보며 앞으로의 진로
에 대해 혼자 고민할 수 없는 나약한 지금의 열다섯 살을 보면, 우
리 사회 그리고 부모가 방치하고 있는 것은 아닌지 공자의 열다섯

살 지우학을 보면서 깊은 생각이 듭니다.

커리어의 출발, 이립而立

공자는 열다섯 살에 배움에 뜻을 두고 15년 뒤인 서른 살에 자립했습니다. 공자의 자립은 학문의 완성이 아닌 학문의 확고함이 세워진 것이며, 이후 학문을 완성시키기 위한 나아감에 전혀 흔들림 없는 상태를 말합니다.

그렇다면 한국 사회에서 서른 살의 자립이란 무엇일까요? 먼저, 생애 주기* 관점에서 발달 과업**을 살펴볼 수 있습니다.

서른 살은 생애 주기에서 청년 시기를 말하며, 취업, 결혼 등과 같은 독립적인 생활이 주요한 발달 과업입니다. 최근 인크루트 조사(2022)에 따르면 구직자의 입사 평균 나이가 남성은 32.5세, 여성은 30.6세라고 합니다. 이러한 현상은 취업난으로 졸업을 미루는 대학생들이 많아지고, 구직 준비 기간이 길어지면서 첫 취업 연령대가 과거보다 높아졌기 때문입니다. 우리나라에서 서른 살은 이제 막 취업에 성공했거나, 이미 취업을 해서 2~3년 사회생

---

* 생애 주기: 시간의 흐름에 따른 개인의 생애 주기는 아동기, 청년기. 중장년기 그리고 노년기로 나누어짐.

** 발달 과업: 생애 주기에 따라 단계별로 요구되는 과업.

활을 경험한 나이입니다. 완전한 자립의 해석은 각자 다르겠지만, 생애 주기 관점에서 취업은 자립이라고 할 수 있습니다.

생애 주기처럼 커리어에도 주기가 있습니다. 커리어 주기는 크게 30대, 40대 그리고 50대 세 단계로 구분할 수 있습니다. 30대 커리어 단계는 전체 커리어의 초석을 다지는 가장 중요한 단계입니다.

이 단계의 커리어 과업은 다양한 경험과 지식을 쌓는 것입니다. 30대 커리어는 80%의 양, 20%의 질이라고 설명할 수 있습니다. 80%의 에너지를 다양한 경험과 배움으로 채워야 한다는 의미이고, 20%는 창의적인 업무 결과를 만들어내야 한다는 것입니다.

공자의 서른 살 '이립'은 확고한 인생의 방향과 커리어가 정해진 자립을 의미하지만, 현대 사회의 청년기 서른 살의 이립은 주체적 자아로서 이제 막 자신의 삶을 시작하고, 미래의 커리어 라이프를 위한 출발을 의미합니다.

성인 질풍노도의 삶, 불혹不惑

'불혹의 나이'라고 불리는 40대는 세상일에 현혹되어 판단이 흐려지지 않는다 하여 '불혹'이라고 하였습니다. 공자는 사십에 사리명백事理明白, 즉 사물의 이치나 일의 도리가 명백하여 주변 상황에 쉽게 미혹되지 않았다고 합니다.

40대를 맞이하고 마무리하는 후반에 와 보니, 왜 40대를 '불혹의 나이'라고 했는지 이해가 갑니다. 다이내믹한 20대와 30대를 지나 40대는 안정적이고 여유가 있을 것 같지만, 사실 성인 질풍노도라고 할 정도로 삶이 고된 시기입니다. 삶의 희로애락이 격렬하게 우리의 삶을 둘러싸고, 주변의 많은 유혹에 흔들리기 쉬운 시기입니다.

특히, 커리어 주기에 40대는 30대와는 정반대로 80%의 질, 20%의 양이라고 설명할 수 있습니다. 80%의 에너지를 업무 성과와 조직에 긍정적인 영향력을 그리고 20%는 미래 커리어를 위한 투자와 배움으로 채워야 합니다.

40대 커리어는 30대에 갈고닦은 경험과 배움으로 현명하게 상황을 대처하면서 성과를 이루는 커리어 최고 절정의 시기입니다. 코로나라는 예측 불허한 상황, 지속되는 경기 악화, 전쟁과 흔들리는 유가로 인한 불안한 세계 정세 등은 40대를 가장 저격하고 있습니다. 구조 조정 및 명예퇴직 타깃 커리어 단계가 40대인 것은 이미 오래된 이야기입니다. 생애 주기에서 과업이 제일 많은 시기인 40대가 커리어 주기에서 가장 빨리 위기를 맞닥뜨리는 나이가 되었습니다.

흔들리더라도 다시 자신의 자리에 돌아올 수 있는 '회복탄력성'이 가장 필요한 시기도 바로 40대입니다. 그러기 위해서는 늘 생각하고 성찰하고 중심을 잃지 않기 위해 주변을 돌아보면서 나아가야 합니다.

인생 2모작, 지천명 知天命

공자는 50세를 '하늘의 명을 깨닫는 나이'라고 하여 '지천명'이라고 했습니다. 천명은 우주 만물을 지배하는 하늘의 명령이나 원리 또는 객관적이고 보편적인 가치를 말하는 유교의 사상입니다. 50대가 되면 주관적인 세계뿐만 아니라 객관적인 세계의 가치까지도 알 수 있는 나이가 되었음을 의미합니다.

커리어 주기에서도 50대는 '지천명'이 단계라고 할 수 있습니다. 지난 수십 년 동안 직장 조직에서 얻은 경험과 지식으로 자신만의 전문성을 구축함과 동시에 조직 전체를 읽을 수 있고, 비즈니스 동향과 사업의 나아갈 방향까지도 꿰뚫어 볼 수 있는 경력 단계가 됩니다.

이 시기는 조직 내에서 자신만의 전문성을 구축하고 완성하여 '구루(Guru, 특정 분야의 전문가 또는 대가를 의미)'의 단계를 이룬 사람이 있는 반면, 구성원들의 눈치만 보고 언제 잘릴지 모르는 두려움 때문에 조직에 숨어 동화되지도 못하고 노력하지도 않는 사람도 있습니다.

50대의 커리어는 은퇴 이후의 '인생 2모작'을 위한 준비 시기입니다. 결코 늦은 나이가 아닙니다. 하지만 포기하고 미리 놓아버리면 남은 인생도 포기하는 것과 같습니다.

공자가 알려주는 인생 고비의 의미는, 결코 어느 한순간만이 중요한 것이 아니라 그저 지나칠 수 있는 나이가 없다는 것입니

다. 끊임없이 나를 돌아보고 평생의 과업으로 '덕'을 쌓아가는 과
정이라는 것입니다. 이것이 공자가 후세에게 전해주는 가르침입
니다.

공자처럼 말하라

공 자 어 향 당　순 순 여 야　사 불 능 언 자
孔子於鄕黨 恂恂如也 似不能言者
기 재 종 묘 조 정　변 변 언　유 근 이
其在宗廟朝廷 便便言* 唯謹爾**

향당 1

공자께서는 마을 모임에서는 두려워하듯 말을 조심스럽게 하시어,
마치 말을 못하는 사람과 같았고,
종묘나 조정에서는 말을 아주 잘하시면서도 신중하고 정중하셨다.

　《논어》 상론의 마지막 10편은 '향당'편으로 총 18장으로 구분
되어 있습니다. '향당'편의 특징은 공자의 일상생활 모습이 많이
담겨 있습니다. 지극히 인간적이면서도 일상에서의 예의범절과
상황에 따른 현명한 처신 등을 몸소 보여주었습니다. 예를 들어,
공자의 자세, 걸음걸이, 외모, 옷 입는 법 그리고 눈빛까지도 자세
히 묘사되어 있는 것을 볼 수 있습니다.

---

* 　변변언(便便言): 분명하고 조리 있게 말하는 모양.
** 　유근이(唯謹爾): 몸가짐이나 언행을 조심하다.

'향당'편 첫 장은 공자의 커뮤니케이션에 대한 이야기로 시작합니다. 공자의 커뮤니케이션 톤 앤 매너는 장소에 따라 달랐습니다. 향당에서는 말을 못하는 것이 아니지만 말을 못하는 것처럼 행동했고, 종묘와 조정에서는 할 말은 정확하고 조리 있게 잘했습니다. 그렇다고 주변도 무시한 채 하고 싶은 말만 하지 않았습니다. 신중하게 몸가짐이나 언행까지 조심하면서 정중하게 말했습니다. 공자는 상황뿐만 아니라 대상에 따라 커뮤니케이션 톤 앤 매너를 달리했습니다.

우리는 흔히 T.P.O^{Time, Place, Occasion}에 맞게 옷을 입어야 한다고 말합니다. 커뮤니케이션도 시간, 장소, 경우에 따라 달라야 합니다. T.P.O에 맞는 커뮤니케이션이 가장 요구되는 곳은 어디일까요? 바로 많은 시간을 보내는 직장입니다. 직장 내 커뮤니케이션의 핵심은 T.P.O라고 할 수 있습니다. 똑같은 하루가 없다고 할 정도로 빠르게 변화하는 조직은 T.P.O에 따라 공자처럼 커뮤니케이션 톤 앤 매너가 달라야 합니다.

오늘날 직장 내 커뮤니케이션은 더 이상 얼굴을 마주하는 의사소통 수준을 넘었습니다. 다양한 툴과 시스템 덕분에 조직 내 커뮤니케이션의 효율성과 생산성을 가져왔습니다. T.P.O에 대한 빠른 이해 없이는 상황에 따른 전략적 커뮤니케이션이 불가능합니다. 또한 커뮤니케이션 능력은 업무 역량과 직결되어 우수 자원을 판별하는 중요한 잣대가 되었습니다.

간혹, 상대를 배려하면 나를 우습게 보거나 내 발언권이 줄어들 거라는 우려를 합니다. 만일 그런 경험이 있다면, 일을 떠넘기거나 관망자처럼 일을 대하여 동료, 상사, 고객으로부터 신뢰가 무너진 상태입니다. 그걸 인지 못하고 상대를 배려하는 커뮤니케이션이 마치 내가 게임에서 지는 것처럼 포지셔닝 한다면 일도 잃고 사람도 잃을 수 있습니다.

T.P.O에 맞는 커뮤니케이션은 언어적/비언어적 모두를 포함하고 있습니다. 《논어》 '향당'편을 통해서도 공자는 비언어적인(눈빛, 목소리, 표정, 손짓 등) 표현까지도 섬세하게 신경 쓰는 점을 볼 수 있습니다. 말이 필요 없는 상황에서조차도 상대를 배려하고 상황에 맞게 자신을 표현했습니다.

조직 내에서 말을 하지 않아도 어떤 사람과 같은 공간에 있는 것만으로도 기분 상한 경험을 할 때가 있습니다. 바로 비언어적인 표현 때문입니다. 비언어적 표현도 상대를 무시하고 불편하게 만듭니다. 그래서 몸가짐도 언어의 한 표현이라고 합니다.

1996년, 하버드 대학교 에이미 에드먼드슨 Amy C. Edmondson 교수의 흥미로운 연구 결과가 있습니다. 조직 내 '심리적 안전감'*을 연구한 내용으로, 구성원 간의 눈빛과 목소리, 표정 등 수시로 주고받는 비언어적 신호와 커뮤니케이션이 구성원의 심리적 안전감

---

* 심리적 안전감(Psychological Safety): 조직 구성원이 의견을 자유롭게 개진하거나 부족한 점을 드러내도 무시나 불이익을 받지 않을 것이라는 신뢰.

에 즉각적인 영향을 준다고 강조했습니다.

최근 조직 내 커뮤니케이션이 더욱 민감하고 중요해졌습니다. 조직 내 인간관계가 구성원의 정신 건강에도 영향을 미치기 때문입니다. 직장 내 괴롭힘, 과도한 스트레스 등 조직 내 많은 갈등은 일 vs 사람보다도 사람 vs 사람에 의해 발생합니다. T.P.O에 맞고 상대를 배려하는 커뮤니케이션은 분명 구성원의 인간관계와 정신 건강에 도움이 됩니다. 이를 통해 구성원 모두가 두려움 없는 조직에서 건강하고 즐거운 커리어를 만들어나갈 수 있습니다.

PART 2

흔들리지 않는
일의 태도

내가 하기 싫은 일은 남도 하기 싫다

자 공 문 왈 유 일 언 이 가 이 종 신 행 지 자 호
子貢問曰 有一言而可以終身行之者乎
자 왈 기 서 호 기 소 불 욕 물 시 어 인
子曰 其恕乎 己所不欲 勿施於人

위령공 23

자공이 공자께 여쭙길,
"한 마디 말로 평생토록 실천할 만한 것이 있습니까?"
공자께서 말씀하시길,
"그것은 서(恕)이다. 자기가 원하지 않는 것을 남에게 하지 않는 것이다."

《논어》를 읽다 보면 공자 시대의 고민과 걱정이 현시대와 어쩜 이리 똑같은지 무릎을 치며 읽게 됩니다. 그래서 시대를 뛰어넘는 베스트셀러가 바로 《논어》인 듯합니다.

공자의 제자 중 자공은 특히 훌륭한 인격을 갖춰 많은 사람들에게 존경받은 인물로 전해지고 있습니다. 그런 자공이 공자에게 평생 실천해야 할 것이 무엇인지 물었습니다. 무척 어려운 질문이 아닐 수 없습니다. 공자는 답하기를 "내가 하기 싫은 일은 남에게도 시키지 말라"고 했습니다. 자주 듣던 말이고 누구나 공감하는

말입니다.

그렇다면 공자는 많은 실천 덕목 중에 왜 '기소불욕 물시어인' 을 꼽았을까요? 두 가지로 해석할 수 있습니다. 하나는 우리 모두는 자신이 하기 싫은 일을 대부분 남을 통해 해결하려고 합니다. 자주 범하기 쉬운 행동입니다. 다른 하나는 실천하기 어려운 과제이므로 평생 노력해도 부족하지 않기 때문입니다.

어느 날 막내 아이가 "엄마 나도 동생이 있었으면 좋겠어요"라고 했습니다. 이유를 물었더니 "집에 있는 사람들이 나에게만 심부름을 시키니까요"라고 말해 온 가족이 웃었던 기억이 있습니다. 이 같은 에피소드는 가정이나 직장이나 다르지 않습니다. 특정 팀에 문제가 있어 팀장을 비롯하여 모든 구성원들과 면담을 하는 경우가 있습니다. 다양한 문제들이 복합적으로 존재합니다. 문제가있는 팀을 분석하다 보면 다음과 같은 피드백을 자주 접합니다.

"사수인 대리님은 본인이 하기 귀찮고 싫은 일만 저를 시켜요. 그러면서 경력에 피가 되고 살이 되는 일이라며 포장을 해요. 그렇게 좋은 거면 왜 자신이 안 하고 저를 시키는지 모르겠어요."

"팀장님께 과장님이 자꾸 본인 일을 제게 시켜 정작 제 업무에 집중할 수 없다고 말씀드렸더니, 자기 때도 다 했던 일이라며 본인에게 좋은 거니까 그냥 하라고 하시는데 그게 맞나요?"

"본부장님께서는 다른 부서에게는 너그러우세요. 다른 부서에서 하기 싫어하는 일만 가지고 오셔서 저희에게 시키세요. 본부장님은 안 하시고 저희만 하잖아요. 그걸 아시고 그러시는 것 같아요."

이렇게 조직에서는 알게 모르게 직급과 연차를 이용해서 하기 싫은 일을 은근슬쩍 넘기는 일이 많습니다. 시키는 사람은 잠시 도움을 청했다고 생각하지만, 시킴을 받는 사람은 도와줬다고 생각하지도 않고 기분만 나쁩니다. 조직을 위한 일이라고 생각하지만, 일의 효율은 떨어지고 관계는 의심과 경계로 틀어지기 일쑤입니다. 하지만 누구나 한 번쯤 자신도 모르게 내가 하기 싫은 일을 남에게 시킨 적이 있기 마련입니다. 알면서도 쉽지 않으니 공자도 자공에게 평생의 실천 강령처럼 말한 게 아닌가 싶습니다.

내가 하기 싫은 일을 남에게 미루는 것을 개인적인 성향 또는 개인의 문제로만 볼 수 없습니다. 물론 공자가 말한 소인들이나 하는 짓으로 해석할 수도 있습니다. 그렇다면 직장에서 남에게 일을 미루거나 떠넘기는 경우는 왜 발생할까요?

일에 자신이 없는 경우

반복되는 실수와 성과 저조로 의욕이 지속적으로 상실된 상태입니다. 두려움에 어떻게든 일을 피하고 싶어 합니다. 개선의 의

지는 있지만 어떻게 시작해야 하는지 모르는 경우가 많습니다. 최소한의 의무와 책임만 이행하며, 일명 '컴포트 존Comfort zone' 안에서만 일을 수행합니다. 이런 문제를 안고 있는 직원은 반복적으로 자신이 하기 싫은 일을 다른 사람에게 떠넘깁니다.

이 경우, 조직, 리더 차원에서 적극적으로 행동을 취해야 합니다. 해당 직원뿐만 아니라 구성원 모두를 위해서입니다. 가장 먼저 할 일은 다른 사람에게 일을 미루는 직원에게 우리 모두가 그 사실을 알고 있다는 것을 말해야 합니다. 본인이 그렇다는 것을 인지하지 못하는 경우가 비일비재합니다. 객관적인 자기 모습을 인지하고 행동 수정을 할 수 있도록 적극적인 피드백을 해야 합니다. 팀 구성원이 그렇다면 팀 리더가 피드백 해야 하고, 반대로 팀 리더가 그렇다면 조직 차원에서 적극적으로 개입해야 합니다. 피드백 과정을 통해 긍정적인 방향으로 직원을 유도하고 지도하면 직원도 구하고 팀도 구하고 조직도 건강해집니다.

반복되는 일에 매몰된 경우

대부분 직장 내 업무는 특정 기간 동안 수없는 반복을 통해 역량을 키우며 일의 숙련을 기릅니다. 어느 분야에서나 필요한 과정입니다. 특히, 예술 분야의 경우 수없이 반복되는 드릴(Drill, 반복 연습) 없이는 어느 경지에 닿을 수도 없습니다. 조직에서 반복되는 일이라면 분명 중요하고 필요한 일입니다. 제때 수행되지 않으면 조직에 피해가 발생합니다. 이 경우 업무 책임감으로 본인 업무 외에 여유가 없습니다. 그래서 번아웃을 경험하거나 새로운 일에 도전하는 것 자체를 두려워합니다. 또는 반복되는 일이 더 이상 개인에게 의미와 성장이 없다고 생각되면 슬슬 다른 사람에게 일을 넘기려고 합니다.

이 경우에도, 조직, 리더 차원에서 적극적으로 행동을 취해야 합니다. 조직 차원에서는 경력 개발과 직업 경로를 제시해주어 일의 의미와 성장을 도와주어야 합니다. 리더 차원에서는 번아웃을 겪고 있는 구성원을 파악하고 반복된 업무의 숙련도를 파악해서 그다음 단계의 일로 업무 변경 또는 직무 재배치를 검토해야 합니다.

성경에도 위령공과 매우 비슷한 구절이 있습니다. "남에게 대접받고 싶다면 네가 먼저 대접하라!" 시대가 흘러도 직장 생활에서 가장 어려운 주제는 인간관계입니다. 옛 선조들도 인간관계에 대한 고민과 혜안은 다르지 않습니다. 그래서 공자의 말이 주는 깊은 울림을 우리는 되새겨 봐야 합니다. 나부터 우리부터 지금 할 수 있는 평생의 실천 행동이 무엇인지 깨달아야 합니다.

현명한 낄끼빠빠 대응법

석 부 정 부 좌
席不正 不坐

향당 9

공자께서는 자리가 바르게 깔려 있지 않으면 앉지 않으셨다.

자 왈 현 자 피 세   기 차 피 지   기 차 피 색   기 차 피 언
子曰 賢者辟世 其次辟地 其次辟色 其次辟言

헌문 39

공자께서 말씀하시길, "현명한 사람은 어지러운 세상을 피하고,
그다음은 문제 있는 자리를 피하고, 그다음은 사람 얼굴을 살피며 피하고,
그다음은 그릇된 말을 하는 사람을 피한다."

현대인들은 다양한 메신저와 SNS를 통해 커뮤니케이션을 합니다. 이런 시대에 활자의 줄임말 사용을 피하기는 어렵습니다. 하지만 줄임말에도 격이 있습니다. 격이 있는 줄임말은 그 단어 하나하나에 의미와 깨달음이 있습니다.

그중에서도 좋아하는 말이 있습니다. 바로 '낄끼빠빠'입니다. 국어사전에는 '낄 때 끼고 빠질 때 빠져라'는 말로, 분위기 파악을 하고 융통성 있게 행동하라는 신조어라고 설명돼 있습니다.

일상뿐 아니라 직장 내에서도 '낄끼빠빠' 상황에 처할 때마다 공자의 '석부정 부좌(席不正 不坐)' 말을 떠뇌이게 됩니다. 공자는 군자의 자세로 가장 먼저 자신의 몸가짐을 바르게 하는 것을 늘 강조했습니다. 공자는 자리가 깨끗하고 바르게 정리되어 있지 않으면 앉지도 않았다고 합니다. 공자 스스로 대접받고자 하는 행동이 아니었습니다. 바르게 앉는 것이 예(禮, 예도/예절 예)이기 때문입니다. 이 말은 다른 의미로는 명분이 없는 자리에, 즉 내가 낄 자리인지 아닌지 판단하고 행동하라는 의미도 담겨 있습니다.

우리가 매일 일하는 직장 생활에서 만나는 다양한 사람들 그리고 상황은 어찌 늘 같은 날이 없는지요. 낄끼빠빠를 고민할 겨를도 없이 어느새 내가 어디에 앉아 있는지, 무슨 말을 듣고 있는지, 무엇을 해야 하는지 등 혼돈의 상황에 자주 노출됩니다. 일을 하다 보면 사람들 분위기에 휩쓸려 이 자리 저 자리에 앉아 있는 본인을 발견하는 일이 종종 있습니다. 그러다 보면 구설수에 오르기도 하고 본인의 의지와 상관없이 난처한 상황에 처하기도 합니다. 이는 조직 내 평판으로 이어져 열심히 일한 본인에게 불리하게 작용하는 일이 생깁니다.

특히, 직장인들이 일터에서 맺은 인간관계에서 동료와 친구 사이를 자주 혼동합니다. 나는 동료를 친구라고 생각했지만 동료는 그렇게 생각하지 않거나, 나는 상사를 언니 또는 형처럼 생각했는데 상사는 전혀 그렇게 생각하지 않는 경우입니다. 이 또한 일터에서 내가 앉을 자리를 잘 보고 앉아 있었던 건지 생각해 볼 일입니다.

요즘은 사내 조직 개편 또는 직무 변경으로 이직을 하지 않고도 다른 직무로의 전환이 가능해졌습니다. 이 경우도 낄끼빠빠를 꼭 새겨 봐야 합니다. 아무리 평소에 소망했던 자리라 해도 내 능력과 상황을 고려해서 내가 앉을 자리인지 아닌지 객관적으로 살펴봐야 합니다. 오히려 다음에 더 좋은 기회를 맞이할 수도 있고, 운이 좋아 기회를 잡았다가 지금의 명성에 흠집이 생기는 일도 생길 수 있습니다.

'석부정 부좌'를 떠올릴 때마다 소크라테스의 '너 자신을 알라'는 말이 이렇게 딱 맞을 수 있을까 생각해 봅니다. 공자와 소크라테스를 비교할 수는 없지만, 동서양의 철학을 마주하다 보면 다른 듯 너무 많이 닮아 있음을 깨닫게 됩니다. 공통적으로 늘 자신을 객관적으로 보려고 노력하고 성찰적 자아를 마주하는 연습을 하라는 가르침이 동서양의 공통된 철학이 아닌가 싶습니다.

《논어》에서는 지혜롭고 현명한 사람의 모습을 많이 설명하고 있습니다. 우리는 낄끼빠빠를 잘하는 사람을 지혜롭고 현명한 사람이라고 말할 수 있습니다. 직장에서도 지혜롭고 현명한 사람은 자신의 일도 잘 처리하고, 주변 사람도 잘 챙기고 자신이 갈 길을 잘 찾아가는 사람입니다.

《논어》에서도 '현자피세 기차피지 기차피색 기차피언賢者辟世, 其次辟地 其次辟色 其次辟言'이라는 말이 있습니다. '현명한 사람은 어지러운 시대를 피하고, 문제 있는 곳을 피하고, 상대방의 표정을 보고 피하고, 그다음은 상대방의 말을 피한다'고 하였습니다. 이는 현명한 사람은 본인이 피할 때와 장소를 잘 안다는 말입니다. 낄 끼빠빠와도 뜻을 같이 하고 있습니다.

보이는 상황이 부정하고 위험하다면 그 자리에 있어서는 안 됩니다. 나쁜 마음으로 타인을 음해하거나 험한 말로 위해를 가하려는 사람이 있다면, 그 사람과 어울려서는 안 됩니다. 직장에서도 부정한 일을 꾸미려는 사람과 어울리지 말고 편견과 억측으로 타인을 평가하는 사람과 말을 섞지 않으려고 노력해야 합니다. 슬기로운 직장 생활을 위해 현명한 사람이 되는 것은 어렵지만, 있어야 할 자리인지 아닌지 상황을 파악하는 것은 스스로 노력하면 할 수 있습니다.

지나친 생각은 오히려 일을 놓친다

계문자 삼사이후행 자문지 왈재사가의
季文子 三思而後行 子聞之 曰再斯可矣

공야장 19

계문자가 세 번 생각하고 검토한 뒤에 실행했더니,
공자께서 들으시고 말씀하시길, "두 번이면 된다."

중국의 춘추시대(春秋時代, 기원전 770~403)* 노나라의 대부였
던 계문자는 매우 신중하면서도 검소한 재상으로 이름난 사람이
었습니다.

어느 날 공자는 계문자가 세 번 생각한 후 행동에 옮긴다는 세
간의 이야기를 듣고 "두 번 생각하면 충분하다"라고 말했다고 합
니다. 이것이 '재사가의再斯可矣'입니다. 신중한 것도 좋지만 너무

---

* 춘추시대(春秋時代): 주나라가 이민족의 공격으로 수도를 호경에서 동쪽의 낙양
으로 천도한 시점부터 전국시대(춘추전국시대)의 성립 이전까지의 시대를 말한
다. 공자가 저술한 역사서 《춘추》에서 명칭이 유래되었다.

생각만 하다가 때를 놓치면 안 된다는 의미입니다. 생각이 깊을수록 사사로운 감정이 개입되어 고민하는 문제를 다시 원점으로 되돌리기도 하고 잘못된 판단을 내릴 수도 있기 때문입니다.

10년 전 우연히 《논어》를 펼쳤을 때 만난 첫 구절이 '재사가의再斯可矣'입니다. 그리고 공자의 말을 빌려 책을 쓰기까지 가장 큰 용기를 준 구절도 '재사가의再斯可矣'였습니다. 25년 가까이 직장 생활을 하면서 끊임없이 반복되는 일과 일상 그리고 새로운 미션들, 위험을 감수해야 하는 결정, 변화무쌍한 비즈니스 상황 대처, 하루도 조용할 일 없는 직원 이슈 등 두려움이 밀려오는 순간순간 누구보다 지혜롭고 현명한 통찰력이 필요할 때마다 《논어》를 찾았습니다.

마치 공자가 제자들에게 가르치듯 "두 번 고민하고 신중했으면 됐다. 이제 어여 시작해라" 하고 옆에서 말해주는 듯한 경험을 수없이 했습니다. 지혜와 통찰력이 요구될 때, 매 순간 그랬던 것 같습니다.

직장 생활은 수많은 보고와 결재 과정을 거쳐야 실행이 가능합니다. 결재를 받을 때나 결재를 올릴 때 가장 많이 듣는 말은 "한두 번만 더 생각하고 말씀드릴게요"입니다. 상사 입장에서는 "김 대리는 결재 올리는 데 시간을 너무 씁니다. 빨리 올려주세요" 이고, 팀원 입장에서는 "팀장님한테만 결재가 올라가면 승인 나는 데 너무 오래 걸립니다"입니다. 결재를 올리는 사람이나 결재를 받는 사람 모두 결정하는 데 시간을 많이 쓴다는 뜻입니다.

생각이 너무 많으면 행동으로 옮기지 못하는 경우가 많습니다. 심사숙고하고 신중한 결정을 내리는 것도 상황에 따라 중요할 때도 있습니다. 그러나 단순하게 결정한 사안이 더 좋은 결과를 가져오는 경우도 많습니다.

대표적으로 우리는 코로나 상황에서 많은 것을 배웠습니다. 수많은 추측과 억측 그리고 생각들은 두려움을 만들어냈습니다. 생각이 많아지고 깊어질수록 두려움은 커졌습니다. 실제로 일어나지 않은 일들까지 생각하게 되고 대응 시나리오를 만드는 데 많은 인력과 시간을 들이게 됩니다. 결국, 실체 없는 곳에 불필요한 에너지를 쓰게 됩니다.

직장 생활에서도 마찬가지입니다. 똑같은 경험을 오늘도 반복하고 있는 건 아닐까요? 조직 내 새로운 기회에 주저하고 망설이다 다른 동료에게 그 기회를 뺏기는 경우, 소비자의 니즈를 분명히 파악했는데 상품 및 서비스 출시에 주저하는 사이 경쟁사가 이미 출시한 경우, 좋은 타이밍을 분명히 예측했는데 한 번 더 검토하다 놓친 경우 등 나열하자면 수백 가지도 될 수 있습니다.

더 많이 고민하고 주저한다고 더 좋은 결과를 기대할 수 없습니다. 오히려 기회를 놓치는 경우가 더 많습니다. 우리 개인의 삶에서도 마찬가지입니다. 생각을 많이 하는 것만큼 위험한 것이 없습니다.

특히, 코로나 전후를 겪은 우리는 시장, 소비자, 물류 등 급변하는 비즈니스 상황에서는 더욱이 빠른 결정과 실행 그리고 수정,

개선하는 작업이 얼마나 중요한지 겪었습니다. 팀을 운영하는 저도 결재를 받고도 실행을 주저하는 팀원들에게 가장 많이 하는 말이 있습니다.

"그냥 시작해! 시작하면서 생각해."

모두가 알고 있는 실리콘밸리 정신도 바로 공자의 '재사가의'가 그 기본 바탕입니다.

모두 각자의 일에서 계문자의 신중함에 공자의 충고를 새겨보면 어떨까요?

움직이는 자가 곧 실력자다

자 왈 군 자 욕 눌 어 언 이 민 어 행   눌 언 민 행
子曰 君子 欲訥於言而敏於行(= 訥言敏行)

이인 24

군자는 말은 어눌하게, 행동은 민첩하게 하고자 하는 사람이다.

　'생활'이라는 사전적인 뜻은 '생계를 유지하며 살아간다'는 의미입니다. 그렇다면 직장 생활은 무슨 의미일까요? 직장에서 생활은 구성원으로서 '활동한다'는 의미입니다. 즉, '일을 한다'는 의미입니다. 직장 생활은 가정생활과는 다르게 월급을 받는 행위가 있고, 그 근간이 일을 실행해서 결과를 남기는 것에 있습니다. 그래서 그 대가로 월급을 받습니다. 일은 즉, 실행입니다. 일을 잘한다는 것은 실행력이 있다는 말입니다.

　특히, 우리에게 노출된 비즈니스 상황은 매우 변화무쌍하고 불확실하며 복잡하고 모호합니다. 이런 환경에서 조직은 빠른 결정과 실행력이 중요합니다. 조직의 존폐와 구성원의 안위를 위태롭게 만들기 때문입니다. 그만큼 시대가 빠르게 변하면서 우리에

게 실행력은 무엇보다 중요한 역량이 되었습니다.

이렇게 중요한 역량인 실행력은 이미 2,500여 년 전 공자도 강조했습니다. 공자는 제자들에게 군자의 다양한 모습에 대한 많은 말을 남겼습니다. 군자는 유교권에서 추구하는 가장 이상적인 인간상입니다. 우리가 보통 성인군자라는 말을 접할 때 우리와는 별개의 인격을 가진 사람이라고 생각하기 쉽습니다. 공자도 평생 성인을 한 번 만나기 어렵지만, 군자는 기회만 있으면 만날 수 있다고 말했고, 성인이 되는 길은 힘들지만, 군자는 노력하면 될 수 있다고 말했습니다.

공자는 '군자는 말은 어눌하게 하려고 노력하고 행동은 누구보다 민첩하게 하려고 노력하는 사람'이라고 했습니다. 일부러 말을 어눌하게 하라는 말은 아닙니다. 말보다 행동이 중요하다는 의미입니다. 이 말의 의미를 되새겨 보면, 화려한 말솜씨, 즉 입으로만 일하는 것이 아닌 말은 최대한 적게 하고, 일의 실행을 통해 결과를 만드는 데 모든 에너지를 쓰는 것이 공자가 말하는 군자의 모습입니다.

조직에서 고성과자라고 하는 하이퍼포머High performer의 가장 두드러진 특징도 실행력입니다. 능동적인 실행력을 바탕으로 다양한 결과를 도출하여 상황에 맞는 솔루션을 만들어냅니다. 결국, 직장 생활에서는 움직이는 자가 실력자로 인정받는 것입니다. 빠른 실행력과 최적의 타이밍을 놓치지 않는 통찰력이 직장 생활에서 매우 중요합니다. 특히, 리더에게는 더욱 중요한 역량입니다.

어린 시절 한학을 공부하신 아버지는 주말마다 자주 먹을 갈고 붓을 잡으셨습니다. 우리 남매가 초등학교에 들어갈 무렵 아버지는 우리 집 가훈을 크게 쓰시고 표구를 하여 집에서 가장 잘 보이는 곳에 걸어 두셨습니다. 그 당시 우리 집 가훈은 '무언실천無言實踐'이었습니다. 어른이 되어 다시 돌아본 우리 집 가훈이 궁극적으로 군자의 기본 자세였음을 깨달았습니다.

공자는 말보다 행동을 강조하면서 말은 어눌하더라도 행동은 민첩해야 한다고 했지만, 아버지는 거기에 의미를 더해 어눌한 말도 하지 말고 오히려 말없이 먼저 실천하는 모습을 보이는 삶을 살아가라는 깊은 뜻을 담으셨던 겁니다. 말보다 실천하는 자세로 담대함과 도전 정신으로 일과 삶을 전진해 나가는 모습이야말로 오늘날의 군자 모습이 아닐까 생각합니다.

일을 즐기는 사람인가, 워커홀릭인가

자왈 지지자 불여호지자 호지자 불여락지자　락지자
子曰 知之者 不如好之者 好之者 不如樂之者 ＝ 樂之者

옹야 18

공자께서 말씀하시길, "지식을 아는 사람은 그것을 좋아하는 사람만 못하고,
좋아하는 사람은 그것을 즐기는 사람만 못하다."

《논어》를 접하지 않은 사람일지라도 이 문구에 대해서는 매우
친숙할 것입니다. "무슨 일이든 그 일을 즐기는 사람을 이길 수 없
다" 또는 "즐기는 사람만이 무슨 일이든 꾸준히 할 수 있고 결국
성공할 수 있다"는 의미입니다.

요즘 라이프 스타일 분야에서 가장 많이 언급되는 것이 '미니
멀리즘'이라고 합니다. 과거 우리의 삶이 꽉 채워지지 않으면 뭔
가 부족하다 여겨 지속적으로 무언가를 채우는 것에 집착했는지
모르겠습니다.

코로나 시기가 우리에게 빼앗아간 것이 더 많지만, 차분히 자
신을 돌아보고 무엇이 내 인생에서 중요하고 어디에 집중해야 할

71

것인지를 알려준 계기가 되기도 했습니다.

매일의 일터에서도 미니멀리즘이 필요한 시기입니다. 이 의미가 '일을 적게 하거나 느슨하게 해라' 또는 '워라밸에 집중해라'는 의미는 아닙니다. 그동안 조직에서는 알게 모르게 많은 워커홀릭들을 키워왔다고 해도 과언이 아닙니다. 잦은 야근은 기본이고 늦게까지 이메일을 보내며 성과의 질뿐만 아니라 양으로도 결과를 보여줘야 빠른 승진과 보상 그리고 일을 잘하는 사람으로 인정받았습니다.

간혹 "대리님, 워커홀릭 같아요?"라고 말하면 피식 웃으며 "그래요?"라고 답변하며 뭔가 암묵적으로 내가 일을 잘하는 사람으로 보이는 건가? 생각하는 사람들이 종종 있습니다.

인사 업무를 하면서 꽤 많은 워커홀릭들이 갑자기 회사를 그만두거나 또는 전혀 다른 일을 시작하거나 몸과 마음이 아파 휴직을 하는 경우를 많이 보았습니다. 동료들이 기피하고 같이 일하고 싶어 하지 않았습니다. 급기야 워커홀릭인 임원이 구조 조정되는 사례도 많이 볼 수 있었습니다. 이처럼 워커홀릭의 의미를 다시 새겨 봐야 하는 시대가 되었습니다.

우리 모두는 워커홀릭이 아니어도 즐기면서 일하고 동료들과 협업을 통해 더 큰 성과를 만들 수 있다는 것을 알고 있습니다. 삶과 일이 분리되어 있는 게 아니라 매일매일 모든 순간이 나의 삶이기 때문에 삶과 일 모두가 즐겁고 행복하기를 희망하게 되었습니다. 그렇다 보니 워커홀릭이 만연한 일터가 아닌 일을 즐기는 '락지자樂之者'가 많은 일터에서 스스로 '락지자樂之者'가 되길 바라고 있습니다.

워커홀릭이 아니어도 일에 있어 '락지자樂之者'가 되는 길은 무엇일까요? 공자의 말을 반복해서 새겨 볼 필요가 있습니다.

> "지식을 아는 사람은 그것을 좋아하는 사람만 못하고, 좋아하는 사람은 그것을 즐기는 사람만 못하다."

자신의 일을 단순 반복적이고 수동적으로 임하는 것이 아니라, 호기심을 바탕으로 능동적으로 임하고, 이를 넘어 창의적으로 변화를 주도하고 만들어가는 사람이 일터에서의 '락지자樂之者'의 모습입니다.

일터에서의 '락지자樂之者'는 매일이 즐겁습니다. 오늘은 또 어떻게 일해볼까? 어떤 접근 방식으로 이 문제를 해결할 수 있을까? 누구와 이 주제를 이야기해볼까? 지난번 프로젝트와는 어떻게 다르게 해볼까? 내 아이디어를 동료는 어떻게 생각할까? 새로 입사한 대리님은 오늘 출근이 어땠을까? 등으로 즐겁습니다.

물론 모든 순간이 즐겁다는 의미는 아닙니다. 우리 일터는 매일 예상치 못한 일들이 생기고 그 일을 처리하다 보면 하루가 금세 지나갑니다. 불안과 걱정 그리고 스트레스로 즐겁다는 생각보다는 짜증과 화가 치밀어 오르는 일이 사실 더 많습니다.

일터에서의 '락지자^{樂之者}'는 기본 마인드셋과 태도가 즐거움으로 시작합니다. 그래서 '락지자^{樂之者}'들은 회복탄력성이 매우 좋습니다. 짜증 나는 상황 또는 본인 역량 밖의 해결할 수 없는 일이 닥치더라도 일을 능동적인 자세로 바라보고 차근차근 해결해 나갑니다. 주변을 불안하게 만들기보다는 든든하게 만들어줍니다. 어찌 보면 《논어》에서 말하는 군자의 모습이고, 영어권에서 말하는 프로페셔널^{Professional}의 모습이라 할 수 있습니다.

지금은 나의 모습을 스스로 살펴볼 때입니다. 지금 여러분은 어떤 모습으로 일을 대하는지 돌아봐야 합니다. 일을 즐기는 단계까지 가려면 기본적인 지식을 습득하는 과정을 거쳐야 합니다. 이 단계를 '지지자(知之者, 지식을 아는 자)'라고 할 수 있습니다. 배움을 통해 지식이나 기술을 습득하지만 이 이유가 현재 자리를 유지하고 생계를 위한 수단일 뿐입니다.

하지만 아는 게 있어야 아는 만큼 보이고 그래야 다음 단계의 일을 할 수 있습니다. 우리가 흔히 말하는 업력, 즉 일의 근육이 이 과정을 통해 만들어집니다. 이 단계를 '호지자(好之者, 배우는 것을 좋아하는 자)'라고 할 수 있습니다. 생계를 위한 목적을 넘어 배움을 통해 더 많은 것을 얻고 일과 삶을 확장하기 위해 스스로 배우고 익히는 자입니다.

꼼꼼히 일을 배우고 일의 근육이 생기면 자연스레 일에 흥미가 생기고, 이런 흥미가 지속되어 몰입의 단계가 되면 즐거움을 느끼게 되는 것입니다. 이 상태가 바로 공자가 말하는 마지막 단계인 '락지자(樂之者, 자신의 일을 즐기는 자)'의 상태인 것입니다.

　주변 환경이나 조건을 탓하기 이전에 내 스스로 내 일을 즐기는 상태가 된다면 어제보다 조금은 더 즐거운 오늘을 그리고 더 기대되는 내일을 맞이할 수 있습니다.

상사에게 제대로 보고하는 법

자 로 문 사 군 자 왈 물 기 야 이 범 지
子路問事君 子曰 勿欺也 而犯之

헌문 23

자로가 공자께 임금을 섬기는 법에 대해 물으니 공자께서 말씀하시길,
"임금을 속이지 말고, 임금의 낯빛에 상관 말고
임금의 잘못도 말할 수 있어야 한다."

임금을 잘 섬기는 일은 상상만 해도 매우 어려운 일입니다. 자로가 공자에게 임금을 섬기는 법을 물었을 때, 공자는 적잖게 당황했을 겁니다. 한두 마디로 설명하기 쉽지 않았기 때문입니다. 직장에서도 CEO를 잘 모시는 법에 대해 누가 물어본다면 어느 누구도 단번에 대답하기 힘들겁니다.

공자는 자로에게 어찌 보면 가장 중요한 점을 말한 듯합니다. 임금을 잘 섬기는 법이 어찌 한두 가지로 설명이 가능하겠습니까? 그렇다면 공자가 말한 두 가지는 무엇일까요?

우선, '임금을 속이지 마라'입니다. 선뜻 이해가 가지 않습니

다. 당연히 임금을 속이면 당장은 모면할 수 있지만 언젠가는 탄로가 나고, 또 속이기 위해 많은 거짓말과 변명들을 하게 됩니다. 누구에게도 좋을 리 없습니다. 이어서 공자는 임금의 안색이 좋지 않더라도 개의치 말고 간하라고 말합니다. 결국, 임금에게 거짓 보고를 하는 것은 더욱 안 될 일이지만 그것보다 임금에게 듣기 좋은 말만 하는 것도 임금을 속이는 것과 같다는 말을 한 것입니다. 임금의 낯빛이 좋지 않더라도 지금 타이밍에 간언을 해야 한다면 용기를 가지고 하는 것이 신하의 역할이라고 설명한 겁니다.

가끔 팀장들과 티타임을 하면서 여러 에피소드를 나눕니다. 어느 날 한 팀장이 이렇게 말합니다. "요즘 MZ세대는 거침없이 말을 잘하는 것 같아요. 솔직하게 말해주는 것도 좋지만 상황을 좀 더 살피면 좋은데 그렇지 않은 경우는 팀장인 저뿐만 아니라 팀원 모두를 당황하게 만들어요."

다른 팀장도 말을 덧붙였습니다. "저희 팀은 다행히 팀장인 저와 오랫동안 손발을 맞춰서 그런지 자유롭게 그때그때 제가 잘못된 결정을 하거나 생각을 잃은 것처럼 보이면 눈치 안 보고 바로 말해주어 고마워요. 저도 만능은 아니니까요."

과거에 비해 조직은 하드웨어(구조)뿐만 아니라 소프트웨어(서열)까지 상당히 수평화가 되었습니다. 수평적 구조의 가장 큰 특징은 과거에 비해 구성원들이 자신의 소리를 낼 수 있는 기회가 많다는 겁니다. 조직이 다양한 사이즈의 팀으로 구성되어 있기 때문입니다. 나무로 비유하자면 이전보다 가지가 많아져서 잎사귀가 풍성한 큰 나무가 된 것입니다. 그렇다고 모든 MZ세대가 거침없이 자신의 의견을 말하고, 상사에게 피드백을 줄 수 있는 건 아닙니다.

첫 번째 팀장의 경험처럼 상황에 따라 팀 구성원의 피드백이 팀장을 난처하게 하기도 하고, 두 번째 팀장의 경험처럼 눈치 안 보고 해주는 직언이 효과적으로 작용하기도 합니다.

상사에게 업무 보고를 하는 것부터 그리고 보고를 넘어 피드백을 줄 수 있으려면 업무에 대한 자신감과 책임감 그리고 상사와의 신뢰가 바탕이 되어야 합니다. 당장 상사의 심기를 건드리지 않으려고 중요한 업무를 후순위로 보고하고 급하지 않은 일을 우선 보고하는 건 아닌지, 팀의 상황과 동떨어진 피드백을 하는 건 아닌지 생각해 봐야 합니다. 마지막으로 아무리 좋은 아이디어와 피드백이라 할지라도 태도가 거만하고 잘난 척하며 상대를 가르치려 한다면 아무리 좋은 보고와 피드백도 수용되기 어려울 수 있고, 오히려 역효과가 있을 수도 있습니다.

공자가 자로에게 임금을 섬기는 법을 말하면서 언급한 '물기야 이번지勿欺也 而犯之'의 의미를 오늘의 조직에서도 충분히 새겨 볼 수 있습니다.

똑소리 나게 일하는 법

자 왈 사 군 경 기 사 이 후 기 식
子曰 事君 敬其事而後其食

위령공 37

공자께서 말씀하시길, "군주를 섬길 때는
먼저 그 일을 정성껏 하고, 녹은 나중에 생각해야 한다."

공자의 가르침을 받고자 하는 사람들은 그의 가르침을 통해
좋은 직업을 갖는 것이었습니다. 좋은 직업은 대부분 관직에 오르
는 것이고, 궁극적으로 나라와 백성을 위하는 길이었습니다. 하지
만 수천 명의 제자 중에는 건강한 소명 의식만을 가지지 않았을
겁니다. 관직이라는 명예와 부는 오늘날에도 마찬가지로 누구나
원하면서도 갖기 쉽지 않고, 그래서 갖은 후에는 놓치고 싶지 않
습니다.

공자는 제자들에게 일에 대한 가장 기본적인 철학을 이야기했
습니다. 돈을 생각해서 그 일을 할 것인지, 안 할 것인지 생각하는
것이 아니라, 그 일에 나의 정성을 쏟아 좋은 결과물로 많은 사람

들이 혜택을 받을 수 있는지를 먼저 생각하라고 했습니다. 공자 시대에도 돈을 좇아 자신이 하고 싶지 않은 일을 하거나, 돈 때문에 어쩔 수 없이 그 일을 해야 하는 상황이 있었던 겁니다. 이미 2,500년 전에도 오늘날 우리가 겪는 고민과 고뇌 같았습니다.

"새로운 업무를 하라고 하는데 그럼 월급을 더 주는 것인가?"
"다른 동료는 나보다 월급이 높은 것 같은데, 나는 왜 그렇지 못하나?"

매일의 직장 생활과 월급은 늘 갈등과 고민을 가져옵니다. 맡은 일을 책임 있게 하지도 않고 월급만 많이 받으려는 것도 문제지만, 자신의 가치만큼 합당한 대우를 받지 못하는 것 또한 문제입니다.

2022년 하반기 직장인들에게 가장 많은 공감을 불러일으킨 키워드는 단연 '조용한 사직Quiet quitting'이라고 할 수 있습니다. 미국의 20대 엔지니어 자이들 플린이 틱톡에 올린 동영상을 시작으로 조용한 사직 열풍은 단지 신드롬이 아닌 세대를 넘어 직장인들에게 한 번쯤 자신의 커리어와 삶을 돌아보게 했습니다. 조용한 사직 이전에 이미 2021년 UCLUniversity College London 경영대학원의 앤서니 클로츠 교수가 '대퇴사The Great Resignation'라는 용어를 사용하며 지속되는 경기 침체와 불확실성이 난무할 미래에 인재 대량 이탈 현상이 나타날 거라고 예측하기도 했습니다. 이는 코로나 직후 조용한 사직, '커리어 쿠셔닝Career cushioning' 등의 다양한 용어로 우리 일터에서의 일상을 대변하고 있습니다.

조용한 퇴사는 조용히 퇴사한다는 뜻이 아닌, 직원이 실제로 직장을 그만두는 대신 업무에 들이는 노력과 시간을 최소로 하겠다는 뜻입니다. 이는 공정한 기회와 워라밸을 중시하는 MZ세대들에게서 월급 받은 만큼만 일하고 나머지 시간에 직무 역량을 강화하고 자기 개발을 위한 시간을 더 투자하는 마음이 깔려 있다고 생각합니다. 번아웃 대신에 조용한 퇴사를 선택하고 언제든지 다양한 직무로 이직이 가능하도록 대비하는 '커리어 쿠셔닝'.

더 나아가 앞으로 '분노의 구직Rage- applying'이 고용 시장을 지배할 거라고 예측했습니다. 이는 동시에 다양한 직무나 업무에 지원하여 자신의 커리어에 여러 옵션을 열어 두기 위한 조치로 해석되고 있습니다. 특히나 고용 감소를 겪고 있는 업계에 종사하고 있다면 앞으로의 커리어를 계획하고 준비해야 하는 것은 당연하고 한편으로는 현명한 태도라고 볼 수도 있습니다.

이러한 변화에서 우리가 생각해 봐야 할 것은 무엇일까요? 사실 대퇴사, 조용한 사직 등의 배경에는 직장에서 인정받고 가치를 확인하면서 개인의 성장을 도모하고 싶지만, 그것이 제대로 안 된 것에 대한 절망감 그리고 직장이 더 이상 나의 안전한 울타리가 되어주지 못한다는 불안감에서 오는 것이라 하겠습니다.

그렇다면 조용한 사직이 정답일까요? 일을 통한 자아실현과 자신의 가치가 일터뿐만 아니라 개인의 삶에도 건강한 영향을 미치고 선순환이 되는 걸 원하는 건 아닐까요? 스스로 자문하고 성찰할 기회가 분명 필요한 시기라고 하겠습니다. 그렇다면 조용한 사직을 현명하게 하는 방법을 생각하는 게 훨씬 지혜로운 자세가 아닐까요? 일과 삶 모두 본인이 주인 되는 자세는 무엇일까요?

우리는 조용한 사직 열풍에서 놓치고 있는 것이 있습니다. 자신의 가치를 월급이라는 경제적 가치에만 초점을 맞춘다는 것입니다. 직장 생활을 수십 년 해와도 월급에 대한 고민은 늘 하게 됩니다. 인사 담당자로서 급여 업무를 맡았을 때도 사람인지라 다른 사람의 급여 정보를 보면서 '내가 일을 못하는 건지 아니면 이 회사가 나를 못 알아보는 건지' 많은 내적 갈등 상황을 마주했습니다. 그럴 때마다 선배들은 "열심히 일하다 보면 돈은 따라오니 지금처럼 그냥 아무 생각하지 말고 해봐!"라고 조언하기 일쑤였습니다. 그때마다 저는 "아니, 무슨 공자님 같은 말을 하시고 그래요?"라고 받아쳤던 기억이 또렷합니다. 이런 말을 들을 때마다 서운한 마음까지 들기도 했습니다. 주변에 많은 군자와 같은 사람들의 이야기를 무시한 채 나 혼자 잘난 것처럼 다른 회사도 알아보고 기웃거리기도 했습니다. 지금으로 말하면 조용한 사직과 커리어 쿠셔닝을 한 셈입니다.

그러던 와중에 책장 한쪽에 꽂힌 《논어》를 꺼내 보게 되었습니다. 무슨 이끌림인지는 모르겠지만 한 가지 분명한 건 그 안에 정답까지는 아니지만 방법은 있을 거란 믿음이 있었습니다. 그 당시 나의 마음을 읽은 것처럼 《논어》 속 공자의 말은 한 글자 한 글자 강렬한 메시지를 담고 있었습니다.

> "먼저 일을 똑소리 나게 잘했는지 돌아보고, 그다음에 돈을 생각해
> 도 늦지 않는다."

그때 '적어도 내 열정과 양심에 창피하지 않게 업무를 해야겠
다'라고 생각했습니다. 지극히 유교적인 관점일 수 있지만, '먼저
내 업무에 최선을 다하고, 스스로가 성장했다고 느끼고, 자연스레
팀, 동료 그리고 회사에 도움이 되고 월급도 따라온다면 내 자신
이 진짜 충만해지겠구나'라는 생각을 하게 되었습니다. 그때《논
어》를 제 삶 깊숙이 받아들이게 된 큰 계기이자 인생의 사건이라
고 말할 수 있습니다.

우리는 열심히 일했지만 그 가치를 인정받지 못할 때가 많습
니다. 아무도 내가 하는 일에 관심이 없을 수도 있습니다. 정말 받
은 만큼만 일해도 억울할 때가 있습니다.

물론 시대가 많이 흘렀고 공자가 말한 군주는 지금으로 보면
회사나 또는 상사로 볼 수도 있습니다. 하지만 나는 섬기는 대상
이 누구인지가 중요한 것이 아니라, 내가 추구하고자 하는 삶 자
체를 공자가 말하는 군자의 대상으로 바라봤습니다.

내 삶이 나에게는 나의 군주인 것입니다. 내 삶의 가치를 위해
스스로 예를 다해 나에게 주어진 일을 잘 처리하고 그다음에 대가
를 생각해도 됩니다. 이직도 해보고 승진을 거치면서 한 가지 분

명한 것은 그 대가가 적절한 타이밍에 돌아오지 않은 경우가 더 많다는 것입니다.

그럼에도 불구하고 많은 군자와 같은 직장인들이 받은 만큼만 일하지 않는 이유가 있습니다. 보상이 꼭 돈과 명예에만 있지 않기 때문입니다. 같이 일하는 사람, 다양한 기회, 배움, 경험, 성찰, 인내 등이 켜켜이 채워져 더 담대하고 건강한 자신을 만든다는 것을 알기 때문입니다.

회사보다 나의 가치를 먼저 생각하라

자 왈 불 환 무 위 환 소 이 립 불 환 막 기 지 구 위 가 지 야
子曰 不患無位 患所以立 不患莫己知 求爲可知也

이인 14

공자께서 말씀하시길, "내가 설 자리가 없다고 근심하지 말고,
내가 그 자리에 마땅한 사람인지를 근심하라. 나를 알아봐 주지 않는다고
근심하지 말고, 내가 알려질 만한 사람이 되기를 구하라."

인사팀에서는 채용을 위한 잡 인터뷰Job interview도 하지만, 퇴사
를 준비하는 사람들과 퇴사 인터뷰Exit interview도 합니다. 입사할 때
의 인터뷰와는 다르게 '왜 떠나는지'에 대한 인터뷰를 합니다. 이
를 통해 조직의 숨겨진 문제점을 발견하기도 하고, 향후 개인 커
리어 계획에 대한 조언도 아끼지 않습니다. 마지막 날까지 우리
구성원으로 회사가 프로페셔널한 서비스를 하는 것입니다.

인사 업무를 하면서 퇴사의 트리거Trigger, 즉 이직을 맘먹고 실
행에 옮기는 결정적인 계기를 알게 됩니다. 그것은 늘 사람이었습
니다. 직장 생활에서 얽히고설킨 다양한 관계 속에서 받는 스트레

스가 제일 크다는 반증이겠습니다. 퇴사 트리거가 사람 때문이라고 정의할 때는 두 가지 의미가 내포되어 있습니다.

첫째, 진짜 사람 때문이다

상사 또는 동료와의 관계가 일의 몰입 그리고 회사를 다니는 행위의 몰입까지 방해해 결국 조직을 떠나는 결정에 이르게 합니다. 여전히 조직 문화에 텃새 문화가 강하거나, 상명하복의 문화가 남아 있는 조직이 많습니다.

반대로 회사 전반의 분위기와 업무 방식은 발전되었지만, 내가 속한 팀은 여전히 회사와는 다른 방식대로 운영되고, 상사는 방관하고, 동료는 일을 미루기에 급급한 경우도 있습니다. 잡 인터뷰 과정에서 나름대로 알아본다고 하지만 연결고리가 없으면 살펴보기 힘들고, 설령 알고 있다 해도 이직을 마음먹은 상황에서는 무엇이든 돌파하고 도전하고 싶은 마음이 앞섭니다.

나는 진짜 사람의 문제라면 그만두더라도 적극적인 의사 표명과 내가 사람 때문에 이직한다라는 점을 인사팀에 꼭 말하라고 조언합니다. 그리고 새로 이직할 회사에도 내가 적응을 못하고 인간관계에 문제가 있는 사람이 아니라 건강한 직장 생활을 위해 스스로 결정한 자발적인 퇴사라고 당당하게 말할 수 있어야 한다고 조언합니다.

둘째, 사람에 의해 발생하는 상황 때문이다

급여 인상, 승진 그 외 조직의 다양한 기회에 대한 불평등 때문입니다. "올해 인상된 월급이 너무 작습니다", "동기와 비교했을 때 뒤쳐지지 않았는데, 저는 왜 이번 승진에서 누락이 되었나요?", "이번 해외 리더십 교육에 저는 왜 제외되었는지 설명을 해주십시오" 등 대부분 이런 상황은 개인이 속한 조직의 결정이고 회사의 방침이라고 생각하기 쉬운데 실상은 사람에 의한 결정입니다.

매년 급여 인상의 재원은 탑다운으로 회사 경영진에 의해 결정됩니다. 하지만 그 재원은 각 부서로 나눠지고 업무 성과와 잠재력을 기반으로 어느 자원에게 더 많은 재원 즉, 임금 인상률을 반영할 것인가는 각 부서 인사권을 가진 리더들의 몫입니다.

결국, 불만족스러운 임금 인상도 사람에 의해 결정되고, 임금 불만으로 인한 퇴사도 결국 사람 때문이라고 할 수 있습니다. 다른 회사로 이직한다고 해도 같은 일은 반복될 확률이 매우 높습니다. 하지만 우리는 결국 퇴사를 결정합니다. 지금 이 회사만 나를 알아주지 않는다고 생각하기 때문입니다. 다른 회사는 '나'라는 인재를 알아봐 줄 거라는 기대를 하기 때문입니다. 상황의 원인을 외부에서 찾고자 하는 인간의 심리 때문일 겁니다.

공자 하면 수천 명의 제자들과 천하통일의 열망으로 전쟁이 난무하던 춘추전국시대를 떠올릴 수 있습니다. 이 시기에 유능한 인재 발탁은 전쟁의 승패를 가르는 중요한 일이었습니다. 그래서 일까요? 《논어》는 사람에 대한 이야기와 인재 등용에 대한 내용을 많이 담고 있습니다. 실제 공자도 인재로 등용되지 않은 적이 있고, 등용 후에 좌천되기도 하고, 음해를 받고 죽음의 위협까지도 받았습니다. 세상이 자신을 받아주지 않음에 있어 제자들에게 사람과 상황을 탓하는 대신 자신의 부족함과 자신의 위치에서 할 수 있는 일에 몰두했다고 합니다.

그런 공자가 제자들에게, "내가 설 자리가 없다고 근심하지 말고, 내가 그 자리에 마땅한 사람인지를 근심하라"고 했습니다. 다른 관점으로 보면, 원하는 자리에 내가 아닌 다른 사람이 앉았다면 지금 그 자리는 나의 자리가 아닌 것입니다. 왜 내가 아닌 다른 사람이 발탁되었는지를 알고 싶어 하는 마음은 충분히 이해하지만, 결국 본인에게 돌아오는 것은 하나도 없습니다. 내가 그 시점에 그 자리와 만날 기회가 아닌 것입니다. 기회는 또 옵니다. 다음 기회를 기다리고 스스로 준비하는 게 현명합니다.

공자는 "나를 알아봐 주지 않는다고 근심하지 말고, 내가 알려질 만한 사람이 되기를 구하라"고도 말했습니다. 대부분의 조직에서 핵심 인재 또는 고성과자 등으로 일을 잘하는 직원들을 선발하고 적극적인 지원과 투자를 합니다. 회사의 미래이기 때문입니다.

간혹, 나와 별반 차이가 없는데 상사와 친해 보여서 또는 본사에서 선호한다는 이유로 내가 아닌 다른 사람이 나보다 인정받는다고 느낄 때가 있습니다. 그래서 회사를 그만두길 결심하거나,

팀 또는 업무를 변경하기도 합니다. 최소한 그 상황을 벗어나기 전에 나의 가치를 알리는 데 어떤 노력을 했는지 돌아볼 필요가 있습니다. 회사가 또는 상사가 원하는 것이 무엇인지 고민하고 연구해 본 적이 있는지? 회사가 시킨 일만 하는 수동적인 직원은 아니었는지? 회사에 기여할 수 있는 아이디어를 고민하고 능동적으로 상사와 동료들과 나누었는지? 내가 원하는 걸 불평하기 전에 내가 회사가 원하는 방향으로 일을 하고 있는지를 점검해 봐야 합니다.

간혹 혼자서 전혀 다른 방향으로 가는 경우도 많습니다. 그럼에도 불구하고 '나'라는 존재가 제때 인정받기 어려울 수도 있습니다. 그래서 대부분의 기업에서 역량 있는 리더를 선발하거나 교육하는 데 많은 공을 드리는 이유입니다. 구성원의 가치를 알아보고 관리하고 적재적소에 좋은 기회와 역할을 주기 위해서입니다. 좋은 동료와 상사를 만나는 것이 중요하기 때문입니다.

직장이라는 곳은 학교처럼 각 과목별 과제와 시험으로 등수를 매기는 곳이 아닙니다. 특별하게 누군가에게만 엄청난 성과가 몰리도록 조직을 구성하지도 않습니다. 그렇다면 나의 가치가 인정받고 드러나는 결정적인 요소는 무엇일까요? 바로 태도입니다. 학교의 학생들에게 학습 태도로 강조되는 것이 '자기 주도 학습'인 것처럼 직장에서 구성원들에게 강조되는 태도 또한 '자기 주도 일'입니다.

공자가 말하는 핵심도 태도입니다. 태도의 사전적 의미는 무엇일까요? 몸의 동작이나 몸을 가누는 모양새 그리고 어떤 일이나 상황 따위를 대하는 마음가짐으로 설명하고 있습니다. 공자의 말도 결국 자신을 관찰하고 돌아보고 스스로 관리하는 태도 즉, 마음가짐이 아닐까 합니다.

뷰카^{VUCA} 시대에 살아남는 일잘러

자 절 사 무 의 무 필 무 고 무 아
子絶四 毋意 毋必 毋固 毋我

자한 3

공자께서는 편견, 집착, 고집, 이기심을 멀리하셨습니다.

《논어》는 제자들이 공자의 가르침을 담기도 했지만, 가까이서 공자가 삶을 대하는 태도와 철학도 담았습니다.《논어》에 담긴 공자의 말이《논어》의 정수라고 할 수 있지만, 공자를 가까이에서 관찰했을 때 제자들이 묘사한 공자의 이야기도《논어》를 읽는 또 다른 재미이자 공부입니다.

그중에서 공자가 멀리했다는 네 가지가 있습니다. 바로 무의, 무필, 무고, 무아입니다.

- 무의(毋意, 없을 무 + 사사로운 마음 의)

  편견을 가지고 상황을 바라보거나, 억측을 하지 않음

무의 즉, 편견(偏見, 공정하지 못하고 한쪽으로만 치우친 생각)과 억측(臆測, 이유와 근거가 없는 추측)입니다. 우리가 사람들과 부딪치며 겪는 갈등의 대부분은 편견과 억측이라고 해도 과언이 아닙니다. 초중고 학생들의 집단 따돌림, 온라인상에서 익명의 탈을 쓰고 난무하는 타인에 대한 폭력, 가까운 관계도 하루아침에 파괴하는 불신 등은 바로 편견과 억측으로 인한 신뢰의 파괴라고 할 수 있습니다.

직장 생활도 서로 다른 배경, 경험, 사고를 가진 다양한 사람이 모여 있는 작은 사회입니다. 조직 내 크고 작은 편견과 억측이 수도 없이 많이 존재합니다. 간혹 사람들은 긍정적인 편견도 있다고 합니다. 하지만 대부분의 편견은 사람을 한쪽으로만 치우쳐 규정하고 이유와 근거 없는 추측을 야기합니다.

직장 내 편견과 억측이 가장 큰 영향을 발휘할 때가 언제일까요? 채용과 승진을 결정할 때입니다. 채용은 후보자를 너무 몰라서 편견과 억측을 야기하고, 승진은 해당 직원을 너무 잘 알아서 편견과 억측을 야기합니다. 이 두 가지 모두의 경우를 스테레오타입Stereotype 즉, 고정 관념이라고 합니다.

채용을 위한 잡 인터뷰 과정을 떠올려 보십시오. 짧게는 몇 분, 길게는 한 시간가량 후보자와 정제된 대화를 하게 됩니다. 마음에 들어 채용을 하고 싶지만, 인터뷰만으로 불안합니다. 이전 회사의 평판 조회Reference check를 통해 이미 후보자를 경험한 사람들의 의견을 구합니다. 인사 담당자로서 평판 조회는 매우 중요한 과정이라고 생각합니다. 하지만 많은 면접관들은 레퍼런스를 말 그대로 참고로만 활용해야 하는데, 채용을 결정하는 주 요인으로 활용하는 경우가 있습니다.

그래서 요즘은 평판 관리 또는 직장 내 레퍼런스 친구 만들기 등의 중요성을 이야기하기도 합니다. 이전 직장의 누군가에게 물어봤더니 그 사람 일을 잘한다더라, 일을 못해서 나갔다더라, 직원들과 관계가 안 좋았다더라, 자주 지각을 하고 아프다더라 등 다양한 의견들이 레퍼런스라는 옷을 입고 전달되기 때문입니다. 물론 아주 구체적이고 명확한 레퍼런스는 채용 결정에 중요한 작용을 합니다. 예를 들어 성희롱 또는 직장 내 괴롭힘과 관련된 사항, 회사 내 부정행위 및 범죄 행위, 술자리로 인한 문제 야기 등이 대표적입니다.

승진을 결정해야 하는 승진 심사 과정에서도 마찬가지입니다. 자신이 선호하는 직원에게만 우선 기회를 주거나 한 번의 과오가 있는 직원을 아예 배제하기도 합니다. 모든 인사부가 객관적인 관점을 유지하도록 적극 개입하고 있지만, 각 부서 또는 팀의 리더가 가진 고유의 인사권에 대한 깊은 개입은 쉽지 않습니다. 그래서 인사평가위원회, 리더십 리뷰 과정을 거치거나 CEO가 인사팀에 무게를 실어 줍니다. 혹시나 리더의 편견과 억측으로 인해 우수 자원 또는 잠재력이 있는 자원들을 놓치지 않기 위해서입니다.

사람들이 모여 있는 어느 곳에서 편견과 억측이라는 화살이 늘 남을 향해 있는 것은 아닙니다. 그 화살은 언제든지 나에게 향할 수 있습니다. 개인 각자가 현명(賢明, 마음이 어질고 영리하여 사리에 밝음)함을 잃지 않도록 노력하는 것이 편견과 억측을 멀리하는 것보다 더 중요하다고 할 수 있습니다.

- 무필(毋必, 없을 무 + 반드시 필)
  확실하지 않은 것을 우기거나 불확실한 것에 집착하지 않음
- 무고(毋固, 없을 무 + 완고할 고)
  자신의 생각만 맞다고 융통성 없이 고집부리지 않음
- 무아(毋我, 없을 무 + 외고집 아)
  자신만 내세우며 이기적이지 않음

다음으로 공자가 멀리한 것은 집착, 고집 그리고 이기심입니다. 직장 내 인간관계에서 받는 대부분의 스트레스는 타인의 고집, 이기심에서 옵니다. 직장 생활에서 협업을 하다 보면 자신의 경험과 방법만을 고집하고, 다른 사람의 의견을 앞에서는 듣는 척만하거나, 자신의 직급이나 조직 내 위치를 이용해 마음대로 업무를 처리하는 것을 종종 볼 수 있습니다. 조직 내 동료들 사이에서 '꼰대'라고 불리는 사람의 경우도 마찬가지입니다. 자신의 생각만을 고집하여 결국 다른 동료들과 유연한 소통을 하지 못합니다.

또 다른 예는 직장 내/외에서 발생하는 '갑질'입니다. 갑질을 하는 사람 대부분은 자신의 생각과 방식에 집착하고 확실하지 않은 것도 확실한 것처럼 고집을 부려 상대를 무기력하게 만듭니다.

불확실한 시대에 우리의 일터는 많은 변화와 위기를 경험하고 있습니다. 이런 상황을 '뷰카VUCA*'라고 표현하기도 합니다. 과거 경제 개발이 활발한 시대에 일은 평생 직장의 개념이었습니다. 한 곳에서 한 가지 일을 성실과 책임감 그리고 각자의 고집과 끈기를 가지고 일하면 우수 인재로 인정받았습니다.

하지만 우리 일터가 격렬한 뷰카VUCA 시대를 겪으면서 개인의 집착, 고집, 이기심은 멀리해야 하고, 그 자리에 유연성Flexibility, 적응성Adaptability, 민첩성Agility 그리고 포용성Openness을 담아야 합니다. 자신의 업무만 바라보면 주변 환경의 변화를 감지하는 데 민감할 수 없습니다. 빠르게 변화하는 비즈니스 리듬을 파악하고 맡은 업무를 유연하고 재빠르게 관리하는 일의 감각이 필요한 시대입니다.

더 이상 일터에서의 구조 조정이라는 말은 경영 악화 또는 예상치 못한 악재 때만 논의되지 않습니다. 많은 기업에서 조직의 효율성과 생산성 그리고 발 빠른 대응이 가능한 조직으로 개편되고 있습니다. 체질을 바꾸는 것과 같다고 할 수 있습니다. 이 과정에서 구조 조정은 전략 중 하나이고, 조직 개편 또는 조직 활성화라는 이름으로 조직의 효율성과 생산성을 위한 전략 등이 이루어지고 있습니다. 나는 열심히 내 업무만 했을 뿐인데, 나는 회사 규율

---

* 뷰카(VUCA): Volatility(변동성), Uncertainty(불확실성), Complexity(복잡성) 그리고 Ambiguity(모호성)

과 업무 방식을 그대로 따랐을 뿐인데, 회사가 알려준 방식대로 일했을 뿐인데 조직 개편이라는 이름으로 구조 조정 대상자가 될 수 있습니다.

그렇다면 뷰카VUCA 시대에 살아남는 일잘러들은 누구일까요? 이들을 우리는 '대체 불가능한 인재'라고 말합니다. 대체 불가능한 인재들은 편견, 고집, 집착 그리고 이기심 대신 상황을 인지하는 능력이 뛰어납니다. 동시에 유연한 사고와 다양한 의견을 수렴하면서 빠르게 상황을 파악하고 능동적으로 일을 끌고 갑니다. 바로 공자가 멀리한 네 가지를 최대한 피하며 다양한 사고가 가능하고 눈과 귀가 열린 사람들입니다.

누구나 공자가 될 수 없다고 말하지만 누구나 공자의 마음은 가질 수 있습니다. 오늘부터 하나씩 멀리하는 연습을 해보면 됩니다.

회식 자리에서도 내 모습을 지켜라

자 왈 출 즉 사 공 경 입 즉 사 부 형 상 사 불 감 불 면 불 위 주 곤 하 유 어 아 재
子曰 出則事公卿 入則事父兄 喪事不敢不勉 不爲酒困 何有於我哉

자한 15

공자께서 말씀하시길, "밖에 나가서는 윗사람을 잘 모시고,
집에 와서는 부모 형제를 잘 살피고, 상례를 치를 때는 최선을 다하고,
술 때문에 피곤한 일은 없게 해야 한다."

《논어》를 읽다 보면 공자에 대한 다양한 에피소드를 접할 수 있습니다. 공자도 현재를 사는 우리처럼 맛집 투어를 다니듯 식도락을 매우 즐겼고, 대식가였다고 합니다. 그리고 다양한 지역에서 여러 계층 사람들과 함께 스스럼없이 술자리도 즐겼다고 합니다. 제자들이 남긴 기록에 따르면, 술도 아주 잘 마셔 주변 사람들이 한 번도 공자가 술에 취한 모습을 본 적이 없다고 합니다. 공자는 제자들에게 늘 술에 대해서는 주변과 자신을 피곤하게 하는 일은 없어야 한다고 강조했습니다.

첫 직장이 결정되고 출근을 앞둔 날 저녁, 아버지가 조용히 부

르시며 하셨던 말씀이 또렷하게 기억납니다.

> "월급 받는 일이 얼마나 어렵고 고된 일인지 이제 알게 될 거다. 감
> 사한 마음과 인내심을 가지고 다니면 좋은 날이 오더라. 그리고 네
> 일은 얼마나 네가 알아서 잘하겠느냐! 걱정은 없지만, 한 가지 회
> 사에서 술은 정말 조심하고 또 절대 회사 사람들과 술로 인해 문제
> 되는 일은 없게 해라."

그때는 들뜬 마음에 아버지 말씀을 크게 새겨 담지 않았습니
다. 어느덧 직장 생활이 25년이 넘어가면서 그때 아버지가 해주
신 말씀 그리고 먼저 공자가 남긴 말이 얼마나 지혜와 통찰로 가
득한지를 알게 되었습니다.

직장 생활에서 술자리는 세대가 변해도 여전히 갑론을박의 주
제입니다. 일의 연장선이다, 관계의 시작이자 끝이다, 술자리를 통
해서만 비공식적인 정보 수집이 가능하다, 우리 팀장은 같이 술
마시는 직원만 편애한다 등 직장 생활에서의 술자리는 늘 고민과
갈등이 수반됩니다. 동시에 동료 또는 불편한 상사와 사무 공간이
아닌 캐주얼한 상황에서 뜻하지 않은 이해와 좋은 관계를 형성하
기도 합니다. 그래서 갑론을박이 있습니다.

직장에서의 술자리는 직위를 막론하고 술로 인해 피해가 없도
록 해야 합니다. 그렇다면 어떤 기준이 피해가 없는 정도일까요?

본인의 주량에 대해 객관적으로 인지하고 선을 넘지 않는 범위에서 자제와 통제를 스스로 해야 합니다. 여기서 중요한 건 스스로 통제할 수 있는 힘입니다. 이것은 스스로 통제할 수 있는 영역이기 때문입니다. 자신의 통제 영역에서도 자제력을 관리하지 못한다면 신뢰를 얻기 힘듭니다.

대학에서 강의를 할 때 곧 사회에 나갈 학생들에게 직장 생활 술자리에 대한 소고를 다음과 같이 말하곤 합니다.

> "여러분, 직장 생활에서의 술자리도 여러분의 모습입니다. 절대 잊어서는 안 됩니다. 더한 것도 덜한 것도 없습니다. 타인이 보는 나는 더욱더 그렇습니다. '제가 원래 이런 사람이 아닌데 술을 먹어서요' 또는 '제가 원래 술이 센데 어제는 조금 피곤해서요' 등 여러 핑계가 있는데, 이건 말 그대로 핑계이고 원래 여러분의 모습입니다. 저는 20여 년이 넘게 다양한 산업군에서 인사 업무를 하면서 술자리로 인한 사건 사고를 많이 접했습니다. 술자리로 문제를 일으킨 사람들의 업무 태도 및 동료들의 피드백을 보면 사무실에서도 동료들과 마찰 및 잡음을 듣는 분들이 많았습니다. 왜 일까요? 결국, 일자리 술자리 모두 본인의 일상의 모습이기 때문입니다."

술자리 문제가 결정적인 역할을 할 때가 있습니다. 바로 승진 철입니다. 특히, 리더급의 승진을 심사할 때 더욱 중요한 요소입니다. 실제 본인에게 직접 피드백을 주기도 하지만, 술에 대한 부분은 개선되기가 여간 힘든 부분이 아닙니다. 결국, 그 사람에게 다시 기회를 주기 힘듭니다.

일도 그렇고 술도 마찬가지입니다. 남이 대신해줄 수 없고, 그래서도 안 됩니다. 스스로 통제하고 관리할 수 있는 나만의 영역에서 자신의 가치가 가장 잘 발휘됩니다.

상사나 동료를 대할 때 일의 자세

조여하대부언 간간여야 여상대부언 은은여야
朝與下大夫言 侃侃如也 與上大夫言 誾誾如也
군재 축적여야 여여여야
君在 踧踖如也 與與如也

향당 2

공자께서는 아침 조정에서 하대부와 말씀하실 때는
간간(강직)하셨고, 상대부와 말씀하실 때는 은은(온화)하셨다.
그리고 군주 앞에서는 축적(공손)하면서도 여여(예의) 있게 말씀하셨다.

《논어》는 상론 10편과 하론 10편으로 구성되어 있는데, 상론
은 문장이 간략하고, 하론은 글자수도 많고 문장이 깁니다. 우리
에게 친숙한 공자의 말은 대부분 상론입니다.

《논어》 상론의 특징은, 1~9편이 공자의 제자들에게 한 말과
가르침을 제자들이 엮은 것이고, 마지막 10편(향당)이 공자의 일
상생활 모습을 제자들이 관찰하여 담은 것입니다. 그만큼 공자의
사상과 철학뿐 아니라 일상 행동까지도 닮고 싶고, 본받고 싶은
제자들의 노력이 아닐까 생각합니다.

우리가 닮고 싶은 대상이 있을 경우, 그 대상의 사소한 것까지 따라 하고 싶듯이 공자의 생각과 말, 행동 그리고 일상생활에서의 모든 것을 제자들은 진심으로 닮고 따르고 싶었던 것 같습니다. 그래서 후세를 위해 공자의 일상생활 모습까지 담은 '향당'편을 상론의 마지막 편에 담은 것이라 생각해 봅니다.

'향당 2'편은 공자가 조정에서 임금, 상대부, 하대부에게 보인 모습을 그리고 있습니다. 조정은 아침 조례인데, 보통 조직에서도 주간회의, 월간회의 등 출근하자마자 사장님 이하 임원들이 모여 미팅을 하는데 이와 매우 유사하다고 할 수 있습니다. 임원 미팅이라 하면 회사 최고 결정권자들과 관련 담당자들이 참석한 미팅이며, 안건에 따라 실무 담당자까지 참석하는 중요한 미팅이라고 할 수 있습니다.

공자도 조정에서 다양한 이해 관계자들과 이야기를 나누고 의견을 냈을 겁니다. 그때 공자는 하대부(부하 직원)에게는 강직했고, 상대부(상사)에게는 온화했고, 군주(사장 또는 최고 결정권자)에게는 신중하면서 여유 있게 말했다고 합니다.

왜 사장에게는 흔들림 없이 여유 있었을까?

군주 즉, 임금을 대할 때 공자는 어떻게 대했을까요? 현대 사회에서 군주의 역할은 일반 회사 조직으로 비유하자면 회사 내 최고 결정권자인 사장 또는 회장 정도일 것입니다. 공자는 임금에게 축적(踧踖, 공손하고 조심스럽게 삼가다)하면서도 여여(與與, 여유 있고 태연한 모습과 예절에 맞는 모양)하게 말했다고 합니다.

대부분의 직장인은 사장님이나 회장님 앞에서 공손하고 조심스럽지만 여유 있기란 매우 어렵습니다. 떨리고 불편하다 못해 질문도 잘 안 들리는 경험도 하게 됩니다. 준비하고 연습한 보고조차도 다 하지 못하거나, 전혀 예상치 못한 질문에 당황하고 민망한 적도 있을 겁니다. 그만큼 대하기가 어렵기 때문입니다.

공자는 임금을 대할 때는 충(忠, 충성)의 마음으로 공손하게 다가가고, 여유 있는 마음으로 흔들림 없이 본인의 생각과 의견을 전달했다고 합니다. 그런 모습이 제자들에게는 축적하고 여여 있는 모습으로 기록됐을 겁니다.

왜 부하 직원에게는 강직했을까?

제자들이 살펴본 공자의 모습 중 가장 면밀하게 관찰된 부분이 아니었을까 생각합니다. 강직하다는 표현을 접하면 대부분은 무섭고 엄격함을 떠올릴 수 있습니다. 하지만 공자가 보여준 강직함은 세심함과 꼼꼼함 그리고 결단이 필요할 때 정확하게 방향을 알려주는 상사가 아니었을까 생각합니다.

조직 생활에서 리더보다 스마트한 부하 직원이 훨씬 더 많습니다. 하지만 리더가 있는 이유는 업력과 노하우로 책임을 짊어지고 위기를 감지하면서, 실제 일을 진행하는 부하 직원들이 성과를 내는 데 조력하는 조력자의 역할을 하기 위함입니다. 일을 맡기기만 하고 나몰라라식으로 관심과 가이드도 없는 리더들이 많습니다. 나중에 일을 그르치면 그 담당자를 나무라고 그 사람에게 책임을 돌립니다.

이때 대부분의 부하 직원은 "상사에게 배운 적이 없다. 알려주지도 않았다"라고 되받아치게 됩니다. 서로 파국으로 치닫게 되는 경우라 할 수 있습니다.

늘 부하 직원을 세심하게 챙기고 관찰하고 갈피를 잡지 못할 때는 확실히 개입하여 정확하게 방향을 알려주고 가이드를 해야 합니다. 이른 아침 조정에서의 공자도 이런 모습이 아니었을까 상상해 봅니다.

왜 상사에게는 은은했을까?

회사 생활에서 가장 대하기 어려운 상대가 상사입니다. 가장 가깝게 일하지만 편한 관계가 성립되기 어렵습니다. 그만큼 조심스럽습니다. 상사와 친구 같은 모습을 가끔 보기도 하지만 대부분 끝이 안 좋은 경우가 많습니다. 공자는 왜 상사에게 은은하게 대했을까요? 우리가 보통 누군가에게 은은하게 대한다고 생각해 보면 손아랫사람 또는 부하 직원에게 할 수 있는 태도라고 생각합니다. 상사를 은은하게 대한다? 쉽게 이해가 되지 않습니다.

직장 생활을 25년 가까이하면서 유쾌하고 즐거운, 스마트하고 정확한, 유연하고 편안한, 천성이 매우 착한, 다양한 성향을 가진 부하 직원들과 일하게 됩니다. 그러면서 문득 '나를 은은하게 대한 부하 직원이 있었나?'라고 되물어 봅니다. 나 역시도 상사에게 은은하게 다가간 적이 없다고 생각했기 때문입니다. 은은함에 대한 깊은 물음을 며칠, 몇 주를 가져가고 있던 어느 날 크게 무릎을 치게 한 일이 있었습니다.

그날 아침 팀 중간 관리자 한 명이 결재를 받기 위해 제 방으로 들어왔습니다. 보고를 하는 모습이 조심스럽지만 당당했고, 편한 듯 대하지만 부담스럽지 않고, 표정은 온화하지만 눈빛은 강한 자신감으로 꽉 차 있었습니다. 보고를 받고 결재를 하는 내내 그 직원에 대한 신뢰가 강해졌고, 그런 직원과 일하는 나 자신도 자랑스럽게 느껴지기까지 했습니다. 마치 아침 조례 때 임금에게 보고하는 공자의 모습이 이렇지 않았을까 하는 생각이 들 정도였습니다.

'이런 모습이 은은한 것이구나' 다시 한번 깊이 깨달았습니다. 바로 내 앞에 공자가 있는 것을 그때 알게 되었습니다. 온화한 표정과 자신 있는 눈빛으로 상사에게 강한 신뢰를 주고 동시에 상사의 의견에 귀 기울이고 본인 할 말은 분명하게 하는 공자를 임금은 곁에 두지 않을 이유가 없었을 겁니다.

PART 3

일잘러로 성장하는
생각법

모든 일을 다 알 수는 없다

자왈 유 회여지지호 지지위지지 부지위부지 시지야
子曰 由 誨女知之乎 知之爲知之 不知爲不知 是知也

위정 17

공자께서 말씀하시길, "유(자로)야, 너에게 안다는 것에 대해 가르쳐주랴?
아는 것은 안다 하고, 모르는 것은 모른다 하는 것이 참으로 아는 것이다."

유는 공자의 제자 '자로'를 지칭합니다. 자로 또한 공자의 뛰어난 제자 열 명인 공문십철 중 한 명입니다. 자로는 거칠고 단순한 성향으로 공자로부터 자주 책망을 받았지만, 효심이 깊고 의리도 있어 공자가 사랑했던 제자였다고 합니다.

《논어》 주역을 이어서 보면 자로는 용맹을 좋아하는 사람인데, 이는 대개 알지 못하는 것을 안다고 우기는 사람이라고 추가 설명이 되어 있습니다. 아홉 살밖에 차이 안 나는 제자 자로에게 공자가 위와 같이 말한 배경을 가늠할 수 있는 내용입니다. '무식하면 용감하다'라는 말과 일맥상통합니다. 중국의 사상가 노자도 《도덕경》에서 '아는 사람은 말하지 않고, 말하는 사람은 알지 못

109

한다'라고 말했습니다.

최근 1999년 연구된 '더닝 크루거 효과Dunning-Kruger Effect'가 다시 주목을 받고 있습니다. 코넬 대학교 데이비드 더닝 사회심리학 교수와 저스틴 크루거라는 대학원생이 코넬 대학교 학생들을 대상으로 한 실험 결과를 토대로 만들어진 이론입니다. 이는 사람들이 자신의 능력을 스스로 인지하는 심리 현상을 설명한 용어입니다. 이 효과는 사람들이 자신을 얼마나 유능한지 또는 무능한지에 대한 인식을 가질 때 나타나는 현상이라고 합니다.

일반적으로 능력이 우수한 사람들은 자신의 능력을 상대적으로 겸손하게 평가하는 경향이 있는 반면, 능력이 덜 우수한 사람들은 자기 자신의 능력을 상대적으로 과대평가하는 경향이 있다고 합니다.

결론은 더닝 크루거 효과는 사람들이 자기 자신에 대해 정확하게 인식하기 어렵다는 것을 설명합니다. 이를 보완하기 위해서는 지속적인 학습과 경험 그리고 타인의 피드백을 통해 개선해 나가야 한다고 말합니다.

이 이론을 접하면서도 《논어》의 공자 말이 떠올랐습니다. 공자는 자로를 통해 '더닝 크루거 효과'를 설명했던 겁니다. 자로도 주변 사람들에게 자신이 아는 것에 대해 자랑하기를 좋아했습니다. 이 모습을 보고 공자는 얕은 지식으로 자신의 지식을 뽐내는 자로를 보고 특별히 큰 가르침을 주었습니다.

더닝 크루거 현상과 더불어 이미 그 이전에 1970년대 아이들의 발달 연구를 통해 나온 개념으로, 존 플라벨John Flavell 발달 심리 학자에 의해 만들어진 용어인 '메타인지Metacognition'가 있습니다. 메타인지도 공자의 말과 같은 맥락을 설명하고 있습니다. 간단히 말해 자신의 능력으로 무언가를 배우거나 실행할 때 내가 아는 것 과 모르는 것을 정확히 파악할 수 있는 능력을 말합니다.

따라서 메타인지가 높을 경우 자신의 능력과 한계를 잘 파악 하여 그 만큼 시간과 노력을 적절하게 통제 관리하므로 효율성이 높아진다고 설명합니다. 기본적으로 메타인지가 설명하는 내용도 공자가 자로에게 말한 '지지위지지 부지위부지 시지야知之爲知之 不知爲不知 是知也'와 같다고 할 수 있습니다.

직장 생활에서는 어떨까요? 누구나 한 번쯤 자로와 같은 경험 이 있을 겁니다. 요즘은 국문 타이틀이 없는 곳이 많아지는 추세 인데, 그래도 여전히 국문 타이틀을 통해 상대의 업력과 일을 처 리할 수 있는 범위를 가늠합니다. 인턴과 사원을 거쳐 커리어에서 가장 자신감이 나타날 때가 대리 직급입니다. 특히 5년 차의 경력 단계Career stage에서 가장 많이 볼 수 있는 현상이 '자로 현상'입니다.

자로 현상이라고 말하는 배경은 이 시기에 자신의 업무와 커 리어에 있어 다 안다고 생각하는 자신감 그리고 그로 인해 두려움 없이 업무를 다루지만 실제는 그렇지 않음을 말합니다.

이 시기의 경력 단계에서는 모른다고 할 수도 없고 그렇다고 다 안다고 할 수도 없습니다. 그렇다 보니 혼자서 일을 쥐고 있는 경우가 많습니다. 담당 라인 매니저도 대리 직급의 팀원은 스스로 알아서 업무를 눈치껏 처리할 거라고 믿습니다. 여기에서 오는 간극이 대리 직급에서 가장 많은 퇴사율과 성과 부진을 유발합니다. 업무의 자신감이 한창일 이 시기에 상급자로부터 부정적인 피드백을 받거나 업무 성과가 이전처럼 확실히 나오지 않을 경우, 자신의 부족함을 돌아보는 대신 상사와 회사에서 원인을 찾기 때문입니다.

조직에서 이 시기에 있는 구성원들에게는 지금 시기가 자로 현상인 이유를 설명하고 자신감 있는 업무 스킬로 그다음 단계의 준비를 도와주고 격려해줘야 합니다. 또한, 대리 직급 시기에 이직을 준비하는 경력자들도 이런 점을 스스로 먼저 인지하고 이직을 준비해야 합니다. 동시에 기업에서도 이 시기의 경력자 채용 시 이 사람이 단지 지금까지의 경력에 기대어 더 많은 보수와 워라밸만을 찾는지 살펴봐야 합니다.

경력별 단계에서 자로 현상이 대리 직급 시기에서만 나타나지 않습니다. 대부분의 조직에서 관리자 직급이라고 하면 대략 10년의 업력을 기준으로 봅니다. 이런 기준으로 보면 자로 현상이 가장 두드러지는 경력 단계는 5년 차, 7년 차 그리고 10년 차 입니다. 이 시기는 내가 모르는 것이 무엇인지 알 수 있는 가장 좋은 시기입니다. 내가 확실히 잘하는 분야가 있는지? 이미 가지고 있는 능력을 업그레이드해야 하는 시점은 아닌지? 자기 개발이 필요한 영역에 대해 분명히 알고 있는지? 조직에서 낀세대라고 할 수 있는 이 시기에 놓인 직장인이라면 내가 그동안 어떤 일에서 스트레스를 받고 어떤 상황에서 현명한 판단이 흐려졌는지 알 수 있습니다. 그 과정을 통해 더 담대하고 자유로운 자신만의 일 그리고 커리어 여정Career Journey을 할 수 있습니다.

일이 되는 아홉 가지 생각의 흐름

공자왈 군자 유구사 시사명 청사총 색사온 모사공
孔子曰 君子 有九思 視思明 聽思聰 色思溫 貌思恭
언사충 사사경 의사문 분사난 견득사 의
言思忠 事思敬 疑思問 忿思難 見得思義

계씨 10

공자께서 말씀하시길, "군자에게는 아홉 가지 생각이 있다. 첫째, 눈으로 볼 때는 밝게 볼 것을 생각, 둘째, 들을 때는 정확하게 들을 것을 생각, 셋째, 얼굴빛은 온화하게 할 것을 생각, 넷째, 외모를 단정히 할 것을 생각, 다섯째, 말을 할 때는 진심으로 할 것을 생각, 여섯째, 일을 할 때에는 성실하게 할 것을 생각, 일곱째, 의심이 날 때에는 물어볼 것을 생각, 여덟째, 화가 날 때에는 뒤이을 어려움을 생각, 아홉째, 이득 될 것을 보면 의로운 것인가 생각이다."

공자는 군자의 사고思, 즉 생각에는 아홉 가지가 있다고 했습니다. 그 내용을 보면 알 수 있듯이 꼭 군자에게만 해당하는 것은 아닙니다. 어찌 보면 우리 모두가 군자이고, 우리 자신도 이미 군자임을 잊고 지내는 것일 수 있습니다. 그래서 《논어》 속 말 하나하나를 되새기며 군자인 자신을 돌아보는 것일 수 있습니다. 이것을 우리는 성찰Reflection이라고 할 수 있습니다. 잊고 있던 나의 모습을 다시 살피는 과정입니다.

그렇다면 공자가 말하는 생각이란 무엇일까요? 인류학에서 말하는 현생 인류와 가장 유사한 종인 '호모 사피엔스'가 있습니다. 그 뜻은 '생각하는 사람'입니다. 너무나 당연한 말이지만 우리는 매일 매 순간 이성적인 사고를 하는 인간입니다. 하지만 실제 우리가 생각을 생각하는지를 돌아봐야 합니다. 이 점을 공자는 군자의 아홉 가지 생각, 즉 '구사'로 전했다고 생각합니다.

매 순간 얼마나 생각하며 살고 있을까요? 우리가 '생각한다'라고 했을 때, 생각이 무엇인지 한 번쯤 고민할 필요가 있습니다. 바쁜 현대인들이 입에 달고 사는 말 중에 "나 지금 의식의 흐름대로 하고 있다"라는 말이 있습니다. 여기서 우리가 자주 입에 담는 '의식'은 무엇일까요? 공자가 말한 군자의 구사를 보면 평소 우리가 의식적으로 너무 당연하게 여기는 예의 규범 정도로 여길 수도 있습니다.

심리학적 관점에서 의식은 우리가 외부 자극에 대해 자각하고 인지하는 능력을 말합니다. 인간의 의식은 감각, 인지, 지각, 자기 인식 등 다양한 인지 활동과 관련이 있습니다. 오감을 통해 들어오는 모든 정보라고 할 수 있습니다. 의식은 우리가 깨어 있을 때 인지하는 의식과 잠자고 있을 때 인지하는 무의식으로 나뉩니다. 생각은 의식의 하위 개념입니다. 의식 안에서 발생하는 내부적인 인지 활동을 말합니다. 아이디어, 개념, 믿음, 판단, 추론 등 다양한 인지 과정을 포함합니다.

다시 정리하자면, 의식은 우리가 깨어 있는 동안 인지하는 모든 것을 포함하는 개념이며, 생각은 그 의식 안에서 우리가 생각하는 내부적인 활동이라고 볼 수 있습니다. 결국, 생각은 커다란 의식의 틀 안에서 우리의 지식, 경험 등에 영향을 주며 우리의 행동과 판단에 영향을 미칩니다.

구사에서 말하는 아홉 가지 하나하나의 생각도 의식적으로 인지하는 데 그치지 않고 의식의 흐름을 거쳐 생각을 통해 행해야 하는 것입니다. 아홉 가지 생각인 구사 중 가장 핵심이 되는 것은 첫 번째, '시사명', 두 번째, '청사총'입니다. 잘 보고 잘 듣지 못한다면 옳고 그른 것을 구별할 수 없어 나머지 일곱 가지를 생각할 수도 없다고 합니다. 군자라면 아홉 가지를 생각하며 살아야 한다고 말했지만, 이는 군자에게만 요구되는 것은 아닐 것입니다. 누구든 자신이 제대로 생각하고 판단하는지를 늘 염두에 두어야 합니다.

직장 생활에서도 과거 모든 일의 절차는 시스템 자동화가 아닌 사람 손에 의해 처리되었습니다. 하지만 오늘날 대부분의 일은 이미 체계적이고 촘촘하게 짜인 시스템과 프로세스로 구성되어 있습니다. 찰나에 우리의 생각이 개입할 틈도 없이 일 처리가 되고 있습니다. 반사적으로 마우스 클릭 몇 번으로 일이 끝나는 경우가 다반사입니다. 내가 지금 하고 있는 일을 얼마나 주도적으로 의식의 흐름을 거쳐 생각하면서 일을 하는지요? 반복되는 수많은 일들을 생각 없이 그냥 하고 있는 건 아닌지요?

직장 생활에서 새로운 프로젝트를 진행할 때를 예로 들어 보겠습니다. 지금 회사에서 요구하는 것이 무엇인지 먼저 보고 들어야 합니다. 거기에 멈추지 않고 의심이 들면 적극적으로 물어 더 명확하게 보고 들어야 합니다. 새로운 일은 절대 혼자 할 수 없습니다. 동료들과 협업과 논쟁을 통해 방향을 잡고 과정을 함께해야 합니다. 그 과정에서 본인의 표정과 행동은 적절했는지, 단정한 외모로 상대방에게 예의를 지켰는지, 이메일을 할 때나 팀즈 회의를 할 때 진심을 담아 의견을 말하고 책임감 있는 자세를 취했는지, 새로 하는 일에 성심을 다했는지, 논쟁이 필요할 때 사람과 상황을 얼마나 고려했는지, 내 성과만 따지거나 자신에게 유리한 쪽으로만 생각하지 않았는지 생각하고 또 생각해야 합니다. 모든 과정에서 생각이 자연스럽게 의식의 흐름을 거쳐 이루어져야 합니다.

직장 생활에서 매월 또는 매 분기 반복적으로 하는 일도 예로 들어 보겠습니다. 많은 직장인들이 가장 익숙한 일에서 큰 실수를 합니다. 수십 번 또는 수백 번까지도 반복해서 한 일이기 때문에 의식에 기대어 일을 처리하기 때문입니다. 인사 업무의 모든 영역을 경험하면서 가장 힘들었던 영역이 급여와 보상 업무를 담당할 때입니다. 또한 업무를 하면서 가장 서운할 때도 급여 일을 할 때입니다. 동료들이 농담 반 진담 반으로 "김 과장, 매월 정해진 급여만 주면 되니 얼마나 일이 편해? 한 번 시스템에 사원 △△△ 얼마 넣으면 자동으로 그 월급이 넘어가는 거 아냐?"라고 말합니다. 아이러니하게도 매월 입사자, 퇴사자 또는 기타 변경이 없는 경우가 가장 힘든 급여 달입니다. 변동이 없기 때문에 자칫하면 의식에 기대어 급여 업무를 안일하게 다룰 수 있기 때문입니다. 급여 변동이 있는 경우에도 왜 변동되었는지 변동이 확실한지 한두 번이 아니고 수십 번 확인하고 또 확인해야 합니다. 갑자기 생긴 퇴사자, 특별 보너스, 인센티브, 세제 변화 등 매월 변화가 없어 보이는 일에도 민감하고 예민하게 촉각을 세우고 의식에 기대지 않기 위해 노력해야 합니다. 그것이 급여 담당 업무입니다.

당연한 이야기 같지만 급여 사고가 없는 조직이 매우 드뭅니다. 그래서 어느 조직을 가더라도 인사부 급여 보상 담당자들의 노고를 제일 많이 챙깁니다. 대신, 업무 사고가 있는 경우 매우 혹독하게 피드백을 합니다. 반복된 일일수록 더욱 생각하며 임해야 하기 때문입니다. 우리가 하는 일을 대할 때 공자의 구사를 떠올리며 생각을 생각하는 습관을 가져보면 어떨까요?

우아하고 귀티 나는 아홉 가지 몸가짐 '구용'

구사를 생각할 때마다 빼놓을 수 없는 것이 '구용九容'입니다. 1577년 율곡 이이가 학문을 시작하는 학생들을 가르치기 위해 편찬한 책《격몽요결》에 나옵니다. 군자의 몸가짐에 있어 아홉 가지에 대해 설명합니다. 율곡 이이는 몸과 마음을 다스리는 데 구용보다 중요한 것이 없으며 현명함에 있어서는 구사보다 소중한 것은 없다고 하였습니다. 아홉 가지 구용은 다음과 같습니다.

첫째, 발걸음을 가볍게 하지 않는다.

둘째, 손모양을 공손히 한다.

셋째, 눈 시선을 바르게 하여 흘려보지 않는다.

넷째, 입은 말을 하거나 먹을 때가 아니면 꼭 다문다.

다섯째, 목소리는 가다듬는다.

여섯째, 머리는 곧게 세우고 한쪽으로 치우치지 않는다.

일곱째, 숨소리는 고르게 하여 소리가 나지 않게 한다.

여덟째, 서 있는 모습은 덕스럽고 똑바로 치우침 없어야 한다.

아홉째, 얼굴빛은 단정하며 태만한 기색이 없어야 한다.

율곡 이이가 말한 구용은 모두 우아하고 귀티 나는 사람들의 공통점이라고 할 수 있습니다.

성장하려면 질문하라

자 왈 불 왈 여 지 하 여 지 하 자 오 말 여 지 하 야 이 의
子曰 不曰如之何 如之何者 吾未如之何也已矣

위령공 15

공자께서 말씀하시길, "어찌할까? 어찌할까? 하고
말하지 않는 자는 나도 어찌할 수가 없다."

공자가 제자들에게 "나도 어찌 도와줄 수 없는 제자는 아무것
도 묻지 않는 제자다"라고 말했습니다. "어찌할까?"라는 의미는
"어떻게 해볼까?", "어떻게 하면 잘될까?", "어떤 것들이 있을까?"
등으로 이해할 수 있습니다. 하나의 일을 시작할 때 처음부터 그
일을 어떻게 잘해볼지 여러 사람의 의견을 들어보고 고민한다면
잘될 확률이 매우 높습니다. 경솔하게 함부로 일을 시작하고 독단
적으로 진행하여 나중에 돌이킬 수 없는 결과를 초래한다면 그 피
해는 고스란히 다른 사람에게 전해지고 일을 해결하는 것도 다른
사람의 손을 빌려야 합니다. 이런 점을 공자는 지적한 겁니다.

질문이 중요하다는 사실은 수없이 들어왔습니다. 학창 시절

선생님이 수업 시간에 "질문 없어요?"라고 할 때마다 민망해서 서로 쳐다보던 경험이 누구나 있을 겁니다. 대학교 전공 시간에 교수님이 한참 강의하시다가 "이 부분에 대해 어떻게 생각해요?", "다른 의견 없나요?", "과대는 어떻게 생각해?"라고 물어보시던 기억이 납니다. 대학을 졸업하고 회사에 갔더니 선임이 "궁금한 거 있으면 언제든지 물어봐요?"라고 합니다.

질문에는 크게 두 가지가 있습니다. 첫째는 진짜 모르는 것을 질문하는 것입니다. 둘째는 진짜 아는 것을 질문하는 것입니다. 두 가지 공통점이 있습니다. 상황을 명확하게 판단하기 위해서입니다. 그래서 우리는 질문을 해야 합니다. 생각과 판단 그리고 현명함은 모두 질문을 통해 가능합니다.

학생들이 학습에 있어서도 질문하지 않으면 선생님 또는 부모가 적절한 개입과 도움을 줄 수 없습니다. 그러다 나중에 더 이상 손쓸 수 없는 상황이 되면 이미 늦어버린 경우가 많습니다.

직장 생활도 마찬가지입니다. 예를 들어, 어느 조직에서나 완벽한 인수인계는 없습니다. 다른 사람이 익숙하게 하던 일을 넘겨받는다는 것은 매우 어려운 일입니다. 그래서 인수인계를 받는 과정에서 수많은 질문이 오고 가야 합니다. 모르는 것을 알기 위해서 그리고 명확하게 이해하기 위해서입니다. 그럼에도 불구하고 한 번으로 업무 파악할 수 없는 것이 인수인계입니다. 그런 인수인계가 잘되었다는 것은 그 일을 넘겨준 선임자가 잘한 것이 아닙니다. 일을 넘겨받은 후임자가 책임 의식을 가지고 인수인계 과정에서 수많은 질문을 통해 업무를 파악하고 분석해서 자신의 일로 만들었기 때문입니다. 간혹, 인수인계 과정이 너무 힘들었다고 말하는 팀원이 있습니다. 물어보면 대부분 후임자가 질문을 너무 많이 해서 계획한 인수인계보다 시간이 더 걸렸다고 말하는 걸 들어본 적이 있을 겁니다. 그렇다면 인수인계가 매우 잘된 거라고 볼 수 있습니다.

직장 생활에서 질문이 가장 중요할 때는 신규 사업 프로젝트 또는 FTF 등 특정 목표에 도달해서 성과를 내야 하는 일에 특히 중요합니다. 진행을 주도하는 리더부터 구성원까지 모두 불확실한 상황에서 가용 가능한 모든 자원을 파악하여 최상의 성과를 내기 위해 한 방향으로 움직이기 때문입니다. 이때 진행 초기 단계부터 마지막 단계까지 유기적이고 격렬하게 질문이 오고 가야 합니다. 그래서 주 1회, 격주 1회, 월 1회 등 잦은 업데이트 미팅을 하는 이유입니다. 놓치는 것이 있는지 잘못된 방향으로 가는 건 아닌지 서로 질문을 통해 확인하는 과정을 거치게 됩니다. 이때 질문도 없고, 다른 사람의 질문에도 계획대로 진행되고 있다고만 일관하는 구성원이 있습니다. 이런 구성원이 나중에 꼭 크게 사고를 내는 경우가 많습니다.

내가 하는 일이 아무 문제없이 계획대로 진행되고 있어도 그 자체를 스스로 의심하고 질문해야 합니다. 다른 사람에게 질문할 상황이 아닐 경우 스스로에게도 질문하며 문제가 없는지 또는 더 나은 방법은 없는지 살펴봐야 합니다. 이러한 과정이 있어야 위험을 감지하고 설령 위험한 상황이 오더라도 구성원 모두가 같이 해결하고 위기를 극복할 수 있습니다. 위기 감지 능력과 위기 관리 능력이 약한 조직의 공통점은 모두 질문이 없는 조직입니다.

개인적으로 인스타그램을 통해 커리어 그리고 직장 생활의 다양한 경험을 공유하고 있습니다. 더불어 규칙적으로 인스타그램 라이브를 통해 많은 직장인들을 온라인으로 만나고 있습니다. 이런 활동을 통해 만난 수많은 직장인들이 공통적으로 인간관계, 즉 상사 또는 동료와의 관계에 대한 어려움을 토로합니다. 각자 처한 상황과 맥락은 다르지만, 제가 가장 먼저 물어보는 질문이 있습니다. 그들과 주로 어떤 대화가 사무실에서 오고 가는지 입니다. 인간관계에 어려움을 토로하는 직장인들은 "특별히 이야기할 일이 없어요. 그냥 각자 자기 일 잘하고 있고, 저도 경력자라서 스스로 업무를 잘해내고 있습니다. 친해지려고 일부러 다가가서 이야기하고 싶지 않아요"라고 답하곤 합니다. 상사와 동료와의 대화가 친구나 가족 사이에서 할 수 있는 편안한 주제이거나 자유로운 수다일 수는 없습니다. 그런 주제까지 대화가 가능하려면 그 전에 업무 대화를 통한 단단한 라포(rapport, 신뢰)가 필수입니다.

그렇다면 업무 대화는 무엇일까요? 바로 질문입니다. 신입 사원부터 업무가 숙련된 경력자까지 상사와 동료 그리고 업무로 인해 연결된 대내외 관계자들 사이에서 오고 가는 수많은 질문은 일을 대하는 자세에서 비롯됩니다. 내 일이라는 주인 의식과 문제의식이 있기 때문에 호기심과 의심이 생기고 질문을 하게 됩니다.

질문은 단순히 모르는 것을 알기 위한 것이 아닙니다. 질문을 통해 환기 ^Ventilation^를 경험할 수 있습니다. 공기 순환이 원활하기 위해서는 규칙적으로 창문도 열고, 청소도 하는 것처럼 우리의 생각과 경험과 지식도 끊임없는 환기가 필요합니다. 환기를 통해 우리의 생각은 더 풍부해지고 지식은 서로 연결되면서 더 방대해집니다.

그래서 요즘 국내외 많은 조직에서는 일대일 미팅을 문화적으로 정착시키려고 내부 교육과 동시에 시스템과 프로그램을 적극 도입하고 있습니다. 일대일 미팅은 업무 대화에서부터 개인적인 대화까지 가능하며 궁극적으로 질문하는 시간을 만들어주는 것입니다. 질문하는 문화를 우리는 긍정적인 조직 문화 또는 실수를 포용하고 전진하는 조직 문화라고 합니다.

조직 내에서 질문하는 데 가장 어려움을 겪는 사람은 누구일까요? 바로 신입 사원입니다. 상황적으로 보면 이제 막 회사 생활을 시작하는 신입 사원은 낯설고 모르는 정보가 많기 때문에 질문이 가장 많아야 합니다. 하지만 어느 경력 단계보다 질문하기가 제일 어려운 단계가 신입 사원입니다.

이럴 때 선임자의 역할이 가장 중요합니다. 팀장이나 임원보다 신입 사원과 물리적으로 가장 가까이에 있는 선임자에게 질문할 수 있는 기회와 상황을 인위적으로 마련해줘야 합니다. 선임자들은 신입 사원을 배려한다는 차원에서 "늘 궁금하면 편하게 물어

보세요"라고 말할 수 있지만 그런 상황이 준비되었는지 살펴봐야 합니다.

선임자라면 신입 사원과의 업무 대화를 위한 위클리 캐치업Weekly catch-up 일대일을 해보길 추천합니다. 미리 일정을 잡아 최소 3개월간 주 1회 또는 격주로 신입 사원과 선임이 한 주의 업무를 돌아보고 다음 주 업무를 미리 살펴보는 등 업무를 정리하는 시간을 갖는 것입니다. 미팅 시간이 30분을 넘어서는 안 됩니다. 서로 대화량이 최소 50:50은 되도록 미팅을 이끌어야 합니다. 업무 내용 외에도 일상에 관한 편안한 주제로 대화를 이끌어 나가면 더 좋습니다. "주말에 뭐했어요?", "회사 내 새로 만난 동료는 있어요?", "출퇴근은 익숙해졌어요?" 등 일상의 질문들이 신입 사원과 라포를 쌓는 데 도움이 됩니다.

간혹 선임자들은 매주 신입 사원과 캐치업 할 정도로 업무 진도가 나가지 않거나 할 말이 없다고 말합니다. 업무 대화도 사람과 사람 사이의 대화입니다. 자주 만나는 친구와의 대화가 가끔 만나는 친구와의 대화보다 비교할 수 없을 정도로 풍부합니다. 같은 맥락입니다. 처음엔 서로 어색하고 낯설지만 규칙적으로 시간을 같이 쓰며 업무 대화를 하다 보면 대화 내용이 매우 풍부해짐을 알 수 있습니다.

현대판 '신언서판'을 갖추자

자 왈 질 승 문 즉 야 문 승 질 즉 사 문 질 빈 빈 연 후 군 자
子曰 質勝文則野 文勝質則史 文質彬彬 然後君子

옹야 16

공자께서 말씀하시길, "본바탕(내면)이 외관을 이기면 촌스럽고,
외관이 본바탕을 이기면 겉치레만 잘하는 것이다.
본바탕과 외관이 조화를 이루어 빛나야 군자라고 할 수 있다."

2,500년 전에도 지금과 크게 다르지 않은 듯합니다. 겉만 번지르르하고, 말만 잘하는 사람은 위험하고, 외관이 단정하지 못하고, 예의와 교양이 없는 사람은 거칠고 촌스럽습니다. 공자도 본바탕인 품성과 외관인 외모와 태도가 조화를 이루어야 군자라고 했습니다.

공자가 말한 본바탕이라고 말하는 질質은 바탕, 본질, 품성을 의미하고, 대조적으로 쓰인 문文은 무늬, 아름다운 외관, 예의, 표현을 의미합니다. 외모는 아름답지만 내면은 그렇지 못한 사람, 말은 잘하지만 진정성이 없는 사람이 있습니다. 주변에 이런 사람

을 볼 때면 내면과 외면의 조화가 얼마나 중요한지 알게 됩니다. 내면과 외면의 조화는 꼭 사람에게만 적용되지 않습니다.

화려하고 고급스러운 인테리어의 레스토랑이 있습니다. 럭셔리한 외관과 달리 음식 맛이 형편없다면 어떨까요? 반면에 음식 맛은 최고지만 식당 위치와 인테리어는 오래되고 낡은 노포도 있습니다. 직장 조직에서도 수많은 기획서와 보고서가 있습니다. PPT 장표가 멋지고 화려한 반면 콘텐츠가 빈약한 경우가 있습니다. 반면, 기획 아이디어와 콘텐츠가 완벽해도 그 내용을 잘 전달할 수 있는 도구와 표현이 적절하게 활용되지 못한다면 일이 진행되지 못합니다. 그렇기 때문에 기획서 하나가 완성될 때 수많은 시간과 노력 그리고 많은 사람의 손을 거치게 되는 것입니다.

1,300여 년 전 중국 당대(당나라)에는 관리를 선발하는 기준이 있었습니다. 그것은 '신언서판身言書判'입니다. 이 기준도 공자가 강조한 문질빈빈文質彬彬을 토대로 하고 있습니다.

첫 번째, 신身이다

글자 그대로 사람의 외형을 평가하는 기준입니다. 단정한 용모와 건강한 체력을 평가하는 것입니다. 일반 기업에서 채용 시 면접을 보는 이유와 같습니다. 면접이라는 건 글자 그대로 면(面, 얼굴, 낯, 모양, 모습 면)을 보는 것입니다. 외모를 평가하는 것이 아니라

면접 환경에 맞는 단정한 옷차림, 온화한 안색, 걷고 앉는 자세, 상대를 배려하는 태도 및 눈빛 등 모든 것이 잘 어우러져야 합니다.

면접 첫인상에서부터 상대방에게 신뢰를 줘야 합니다. 특히 당대에 관리를 등용할 때는 그 어느 것보다 신身을 가장 중요시했습니다. 그 이유는 관리 등용은 리더를 선발하는 것과 같기 때문입니다. 리더는 보여주는 모습 자체에서도 카리스마와 압도되는 아우라가 있어야 합니다. 그런 모습을 통해 구성원들이 그에게 집중할 수 있기 때문입니다.

리더급으로 승진하는 사람들에게 늘 강조하는 게 있습니다. 어제와는 다른 복장, 자세, 태도, 눈빛으로 리더의 모습을 연출해야 한다고 말입니다. 하루아침에 변할 수 없습니다. 그래서 리더는 전략적으로 만들어지거나 준비된 자에게 주어집니다. 그렇다고 리더로 성장하고 싶은 사람에게만 신身이 중요한 건 절대 아닙니다. 각자의 위치와 역할에서 프로페셔널한 태도와 용모가 중요합니다.

예를 들어 사무실에서 헤어 도구로 머리를 말고 있거나, 발가락이 보이는 슬리퍼를 신고 다니거나, 파자마인지 사무 복장인지 구분이 안 되는 옷을 입는 등을 볼 수 있습니다. 요즘 대부분의 회사에서 출퇴근 자율 복장을 실시하고 있습니다. 혹시 자율 복장을 자유 복장으로 착각하는 건 아닌지 한 번쯤 돌아봐야 합니다. 자신의 모습도 스스로 점검하고 이성적으로 관리할 수 있는 것이 바로 '신언서판'에서 말하는 신身이라고 할 수 있습니다.

두 번째, 언플이다

어떻게 말하는지 평가하는 것입니다. 말은 커뮤니케이션의 재료입니다. 사람을 평가하는 데 많은 영향력을 발휘합니다. 논리 정연한 말솜씨와 적절한 표현력은 상대를 쉽게 이해시킬 수 있고 설득할 수 있습니다. 화려한 말솜씨란 절대 말을 잘하는 것이 아닙니다. 말에는 내용과 메시지 그리고 믿음이 있어야 합니다. 면접을 볼 때, 고객과의 중요한 미팅이 있을 때, 또는 최종 계약을 앞둔 프레젠테이션이 있을 때 미리 사전에 준비하고 수없이 연습합니다. 하지만 준비하고 연습한 내용이 영향을 발휘하는 것은 잠깐입니다. 예상하지 못한 질문, 상황은 아무리 준비해도 피할 수 없습니다. 그때 진짜 실력이 드러납니다.

말을 잘한다는 것은 절대 달달 외워서 청산유수처럼 내뱉는 것이 아닙니다. 생각하며 말하는 것을 의미합니다. 훌륭한 발표자는 설령 외운 내용이라 해도 순간순간 생각하면서 말하는 사람입니다. 생각하면서 말하려면 평소에 부단히 연습해야 하며 그 연습을 통해 뇌리에 박혀야 합니다. 그 연습이 생각하는 연습입니다.

대학에서 강의할 때 특히 4학년 학생들에게 꼭 하는 말이 있습니다.

"면접을 준비하고 있다면 취업 준비가 안 된 것이다. 면접은 준비하는 것이 아니다. 평소 자신의 생각을 생각하는 연습을 했다면 단 몇

분 요령을 피워 면접을 통과하겠다는 생각을 가질 수 없다. 생각은 아는 것을 생각하는 것과 모르는 것을 생각하는 것이 있다. 면접 중에 모르는 주제에 대한 의견을 구한다 해도 사고의 과정Process of thinking, 즉 생각을 연습한 사람은 절대 그 답을 피하지 않는다. 기업에서 원하는 건 정답을 말하는 것이 아니다. 그렇다면 필기 시험을 보면 그만이다. 어떻게 생각하는지 그 생각의 과정을 설명할 수 있는 사람을 원하는 것이다. 물론 자격이 안 되는 면접관을 만날 수도 있다. 그건 운이다."

세 번째, 서書이다

글솜씨, 즉 지식 수준을 평가하는 것입니다. 말을 잘하는 것과 글을 잘 쓰는 것은 또 다른 노력과 연습이 필요합니다. 사극에서 보았을 법한 과거 시험을 상상할 수 있습니다. 붓과 먹 그리고 화선지를 주고 제한된 시간에 그 주제에 대한 에세이를 손으로 직접 써가며 시험을 치릅니다. 지금도 대입 논술을 보면 매우 유사한 형식이라고 할 수 있습니다. 특히, 손으로 글씨를 쓰는 일은 더 어렵습니다. 컴퓨터와 휴대폰 키보드에 익숙한 터라 읽기 좋은 필체로 글을 쓰는 것 자체도 시험이 됩니다.

글씨도 잘 써야 하지만, 한정된 시간에 자신의 지식과 생각을 논리 정연하게 쓰는 일은 매우 어렵습니다. 글을 잘 쓰려면 다양한 글을 읽고 생각을 다져야 좋은 글을 쓸 수 있습니다. 결국, 인재를 평가할 때 책 읽기를 통해 지식이 탄탄하게 쌓였는지, 그것을 자신의 것으로 소화할 수 있는 능력이 있는지를 글쓰기로 평가한 것입니다.

네 번째, 판判이다

판단력을 평가하는 것입니다. 가장 어려운 영역입니다. 올바른 판단이라는 기준이 늘 모호합니다. 논리적이고 위험 부담이 적고 다수의 공감을 바탕으로 이로운 방향으로 나아가는 것이 올바른 판단이라고 생각합니다. 다양한 경험과 탄탄한 배경지식을 통해 올바른 판단은 더 견고해질 수 있습니다. 경험이 풍부한데 지식이 부족한 경우, 지식은 풍부한데 경험이 부족한 경우가 많습니다. 그래서 인생에서도 직장에서도 한 분야에 정통하고 혜안을 주는 '구루Guru'를 찾습니다. 그들을 통해 부족한 경험과 지식을 얻기 위해서입니다. 그렇다 해도 결국은 스스로 자기 개발을 통해 공부하고 경험하고 시도하고 부딪쳐야 합니다. 공부의 완성은 직접 체득하고 발현해야 합니다.

현대 사회에 대입해도 전혀 낯설지 않은 인재를 평가하는 기준 '신언서판'. 공자가 말한 내면과 외면의 조화를 이루기 위한 기본 요소를 잘 담았다고 할 수 있습니다.

수천 년의 세월이 지나도 아름다운 사람의 기준은 변함이 없습니다. 사람의 아름다움은 분명 내면이 채워질수록 외면도 빛이 난다는 것을 오랜 세월 우리 선인들은 경험하고 증명해왔습니다. 내면의 부족함을 간과하고 외면만 치장해서도 안 되고, 내면을 채우는 데만 집중하고 외면을 간과해서도 안 되겠습니다.

커리어 성장을 위한 세 가지 성찰

증 자 왈 오 일 삼 성 오 신 위 인 모 이 불 충 호 여 붕 우 교 이 불 신 호 전 불 습 호
曾子曰 吾日三省吾身 爲人謀而不忠乎 與朋友交而不信乎 傳不習乎

학이 4

증자가 말하길, "나는 날마다 세 가지로 나 자신을 살핀다.
남을 위해 일함에 있어 정성스럽지 못했는지, 친구와 사귐에 있어
믿음을 저버리지 않았는지, 배운 것을 다시 익히지 않았는지?"

《논어》를 읽다 보면 공자뿐만 아니라 제자들에 대한 궁금증도 자연스레 생깁니다. 《논어》가 단지 공자의 말을 듣고 읽고 느끼는 것에 그치지 않고 수많은 제자들이 남긴 어록과 더불어 그 시대의 역사와 인생사를 엿볼 수 있다는 점에서 매우 흥미롭지 않을 수 없습니다.

공자의 제자인 증자는 매우 중요한 인물 중 한 명입니다. 원래 이름은 증삼曾參입니다. 오늘날 우리가 '유교'라고 말하는 공자 사상의 실질적인 계승자라고 할 수 있습니다. 오늘날 유학의 아버지를 '공자'로 표현한다면, 아버지의 뜻을 이어받은 사람은 제자 '증

자'라고 할 수 있습니다. 증자는 공자와 나이 차이가 (약 46세 이상) 많이 나는 제자였고 그래서 공자와 오랫동안 시간을 보내지는 못했다고 합니다. 증자의 아버지도 공자의 제자였습니다. 부자가 모두 공자의 제자인 셈입니다. 공자는 제자였던 증자에 대해 그리 좋은 평가를 하지 않았다고 전해집니다.

《논어》에서도 공자는 증자에 대해 '증자는 둔하다, 우직해서 어리석다'고 말했다고 합니다. 하지만 이런 우직함 때문에 공자의 수천 명 제자 중 유일하게 공자의 말을 잘 기억하고 실천하여 결국 그 말을 이어받아 공자의 손자인 자사에게, 자사는 맹자에게 공자의 말과 철학을 전수하고 유학으로 성립되도록 토대를 마련하게 되었습니다. 훗날 증자의 제자들이 유학을 잡고 이끌어 갔기 때문에 오늘날 증자를 공자의 적통이라고 말하는 이유가 되었습니다.

그런 증자가 매일 성찰한 내용은 우리에게 많은 가르침을 줍니다. 증자는 매일 세 가지를 토대로 하루를 돌아보고 자신을 성찰했다고 합니다.

첫 번째 데일리 성찰
: 위인모이불충호 爲人謀而不忠乎

남을 위해 일함에 있어 최선을 다해 일했는지? 충忠은 다른 사람을 위해 최선을 다하는 것입니다. 즉, 책임감이라고 할 수 있습니다. 《논어》 표현에서 말하는 '남'은 오늘날의 직장 생활에 비유하면 월급을 주는 주체인 회사라고 할 수 있습니다. 내가 하는 매일의 일에 최선을 다하고 그 결과가 나의 커리어 성장과 더불어 회사의 이익에도 도움이 되어야 합니다. 그것이 책임감입니다. 최선은 다했지만 결과가 목표와 어긋날 수도 있고, 오히려 불필요한 일을 했을 수 있습니다. 일의 완수가 책임감이 아닙니다. 일의 완수는 우리가 받은 월급의 값으로 하는 당연한 일입니다.

하지만 책임감 있게 일을 완수한다는 것은 결코 쉬운 일이 아닙니다. 증자는 단순히 일을 완수하는 것에 그치는 것이 아니라 책임감을 가지고 그 일의 결과가 모두가 원하는 목표에 긍정적인 영향이 미치는 것까지 생각하고 매일을 반성한 것입니다.

가끔 퇴근길에 어깨가 가볍고 콧노래가 나오는 경험을 하게 됩니다. 일을 완수해서 기쁜 것이 아니라 그 일이 조직, 사람, 회사 사업에 긍정적인 영향을 미칠 때입니다. 증자처럼 매일을 성찰할 수 없다 해도 우리가 하는 일을 책임감 있게 한다는 것이 무엇인지 한 번쯤 생각해 볼 수 있다면 큰 성찰이라고 할 수 있습니다.

두 번째 데일리 성찰

: 여붕우교이불신호 與朋友交而不信乎

친구와 사귐에 있어 믿음을 저버리지 않았는지 생각해 보는 것입니다. 이는 신信, 글자 그대로 신뢰를 의미합니다. 사람과 사람 사이의 신뢰는 무엇보다 직장 생활에서 가장 중요한 요소입니다. 직장 생활에서 인간관계의 시작을 식사나 음주 가무로 생각하는 사람들이 아직도 많이 있습니다. 물론 이런 활동도 중요합니다. 인간관계의 윤활유 역할을 톡톡히 합니다. 사람 대 사람으로 서로를 이해하는 데 도움이 될 수 있습니다.

하지만 직장 내 신뢰의 기본은 일을 통해서 먼저 이루어져야 합니다. 그 이유는 투명성Transparency에 있습니다. 개인적으로 친하다는 이유로 또는 학교 선후배 사이라는 이유로 조직에서 차별과 차등 그리고 비정상적인 방법의 일 처리가 난무할 수 있습니다. 증자의 관점에서 보면 오늘 하루 일 처리에 있어 나를 믿고 일하는 동료 또는 나를 믿고 일을 맡긴 상사의 믿음을 저버리지 않았는지 돌아봐야 합니다.

세 번째 데일리 성찰

: 전불습호 傳不習乎

　배운 것을 다시 익히지 않았는지 생각해 보는 것입니다. 즉, 전수받은 것을 다시 복습하는 데 게으르지 않았는지 생각하는 것을 말합니다. 이는 습習, 단순히 공부해서 아는 것 자체로 그치는 것이 아니라 완전히 자기 것으로 익히는 것을 의미합니다. '익힘'이라는 말을 곱씹어보면 몸에 배도록 끊임없이 반복하고 연습해야 가능합니다. 증자는 매일을 공부하며 자신을 살피는 것에 그치지 않고 반복해서 자신의 것으로 만들려고 노력했음을 짐작할 수 있습니다.

　직장 생활도 삶의 생애 주기와 같이 '유아기-아동기-청소년기-성인기-노년기'처럼 구분할 수 있습니다. 직장에서의 경력 생애 주기는 '신입-경력-중간 관리자-임원 관리자-최고 경영자'로 구분할 수 있습니다. 삶의 생애 주기는 나이에 기반하지만 직장의 생애 주기는 역량에 기반합니다. 삶의 생애 주기는 특정 나이에 도달하면 다음 단계의 과업으로 자연스럽게 이동합니다. 초등학교를 졸업하고 중고등학교에 입학하고 대학교를 졸업하면 취업을 준비하는 것처럼 생의 과업을 경험합니다.

　하지만 직장의 생애 주기는 특정 경력 단계에 도달했다고 다음 단계로 자연스레 이동되지 않습니다. 경력 생애 주기에서는 스스로의 역량 없이는 다음 단계로의 이동이 어렵기 때문입니다. 그렇게 되지 않기 위해서는 직장에서 무엇을 보고 배웠는지 그것을 어떻게 활용하고 나의 것으로 만들 수 있는지 끊임없이 고민하고 수시로 점검해야 합니다. 또한 배우고 익힘에 있어서도 부끄러움이 없어야 합니다. 증자의 '삼성오신'에서 왜 세 번째 성찰이 '전불습호'였을까요? 직접 '삼성오신'을 실천하다 보면 세 가지 성찰 중에 가장 많은 시간을 필요로 한다는 것을 깨달을 수 있습니다.

지인용知仁勇이 이기는 습관이다

자 왈 지 자 불 혹 인 자 불 우 용 자 불 구
子曰 知者不惑 仁者不憂 勇者不懼

자한 28

공자께서 말씀하시길, "지혜로운 자는 의심하지 않고,
어진 자는 근심하지 않고, 용기 있는 자는 두려워하지 않는다."

25년이 넘는 직장 생활을 하면서 짧게는 1년을 길게는 10년
의 근무 경험이 있었으며, 익숙한 산업군과 조직에서 일을 하기도
했고, 생소하고 낯선 조직에서 일을 하기도 했습니다. 부모님은
일하는 여식이 걱정도 되고 안쓰러운 마음으로 "그래도 오래 일하
고 직급도 올라가고 하니 일하기 괜찮지?"라고 가끔 물어보십니다.

오래 일하면 익숙할 법도 하고, 직급도 올라가면 마음이 편해
질 법도 한데 그렇지 않다는 걸 모두 알고 있습니다. 그렇기 때문
에 부모님도 그 마음을 겉으로 들어내기보다 괜찮은지를 확인하
고 싶으셨던 겁니다. 그럴 때마다 "그럼요, 점점 좋아지고 있으니
걱정 마세요! 다들 잘해주고 잘 따라와줘요. 내가 복이 많은 가봐

요"라고 웃으며 말하곤 합니다. 이렇게 말을 해도 부모님은 아이 키우고 살림하면서 일하는 여식을 늘 안쓰러워하셨습니다.

직장 생활을 하면서 무엇이 가장 두렵고 어려운 걸까요? 당장 눈앞에 나를 힘들게 하는 것은 일일까요, 사람일까요? 일과 사람은 늘 따라다니는데, 나를 힘들게 하는 게 진짜 무엇일까요? 이런 질문은 늘 머릿속을 가득 채웠습니다.

선배들에게 물어보면 모두 같은 마음으로 "그래서 먹고사는 게 힘든 거지. 뭘 답도 없는 걸 고민해"라며 교과서 같은 답변들을 주어 공감과 깨달음을 주지 못했습니다. 그래서 철학, 고전, 과학, 음악 다양한 인문학을 접해보기도 하고 혼자서 사색하는 시간을 보내는 날도 많았습니다.

그러던 어느 날《논어》를 접하고 오랫동안 해결하지 못한 나를 두렵고 어렵게 만드는 것이 무엇인지 답을 찾았습니다. 그것은 '지혜와 용기'였습니다. 우리가 모두 다 아는 말이지만 그 말이 주는 진짜 힘은 수십 번 아니 수백 번 곱씹지 않을 수 없습니다.

부당한 일 앞에서, 무례한 사람 앞에서 내 소리를 못 내고, 실수를 덮으려 하고, 변명하고, 쉽게 가는 길만 고집하고, 꼭 정해진 일만 하려 하고, 다른 사람 탓하고, 나의 일이 아닌 남의 일만 하고 있는 나의 모습이 가장 힘든 것이었습니다.

내가 좀 더 지혜로웠다면 해야 할 일 앞에서 우물쭈물하지 않았을 것이고, 내가 현명하고 어진 사람이었다면 주변 사람과 상황 때문에 흔들리지 않았을 것이고, 내가 용기가 있었다면 알 수 없는 두려움에 불안하지 않았을 것입니다. 이것이 《논어》에서 말하는 '지인용^{知仁勇}'이라고 생각합니다. '지인용'만 있다면 결코 매일의 직장 생활이 두렵고 어려운 것만은 아닐 수 있습니다. 공자는 지혜로운 자는 의심 없이 일을 해 나갈 것이고, 어진 자는 근심이 없을 것이고, 용기 있는 자는 두려움이 없을 거라고 했습니다.

지인용에 있어 아주 값진 경험이 있습니다. 큰아이가 중학교 3학년이 되었을 때, 담임선생님으로부터 다양한 학교를 검토해 보는 것이 어떻겠냐는 이야기를 들었습니다. 마침 아이는 한동네에서 초등학교, 중학교를 다녔으니 기회가 된다면 다른 환경에서 학창 시절을 보내고 싶다고 했습니다. 그러면서 고등학교 진학을 고민하기 시작했습니다. 교육열이 있고 아이에게 많은 지원을 아끼지 않는 엄마였다면 좋았을 텐데, 엄마로서 할 수 있는 건 아이가 관심 있어 하는 학교 홈페이지에 들어가 보는 것이 전부였습니다. 흔히 말하는 특수목적 고등학교였습니다. 이런 학교를 가려면 초등학교 때부터 준비한다더라, 이미 중학교 때 고등 수학과 수능 영어는 완성한다더라 등 많은 말들이 주변에서 들려왔습니다. 주변 사람들의 말에 흔들려 초조해하거나 걱정하기보다는 객관적으로 우리 아이에게 좋은 학교인지가 더 중요했습니다.

결과적으로 그 학교를 선택하고 지원하게 된 가장 큰 계기는 학교 홈페이지에서 본 건학 이념이었습니다. 학교 건학 이념이 바로 '지인용^{知仁勇}'이었습니다. 학교에서 강조한 지인용의 덕목은 다음과 같았습니다.

> "창의적으로 생각하고, 예의가 바르고, 질서를 지키며, 타인과 협동
> 할 수 있는 사람"

"그럼, 됐다. 이 학교에 지원해 보자." 원서를 넣으러 아이와 함께 학교를 방문했을 때 학교 머릿돌에 큼지막하게 '지인용'이 새겨져 있었습니다. '지인용만 있다면 우리 아이가 지혜롭고 현명하게 삶을 풍요롭게 이끌어 갈 거야!'라는 생각이 마음을 가득 채웠습니다. 운이 좋게 큰아이는 해당 학교에 진학하고 매일 아침 '지인용'을 품으며 학창 시절을 보내고 있습니다.

직장 내 조직에서도 늘 여유가 있고 자신감에 찬 리더가 있습니다. 뭐든 일을 쉽게 풀어나가는 동료가 있습니다. 상사도 눈치 보게 만드는 팀원이 있습니다. 그들에게서 공통적으로 지인용을 볼 수 있습니다. 직장에서 지, 인, 용은 무엇일까요?

• 지(知, 지혜)

　정보와 지식이 바탕이 되면 일을 대할 때 주저하지 않고 호기심
　과 흥미를 가지고 시작하게 된다.

- 인(仁, 책임감)

  개인적인 성장과 조직의 목표를 잘 이해하고 연결할 수 있다. 일의 결과물을 위해 책임감을 가지고 주체적으로 일을 이끌어 간다.

- 용(勇, 행동력)

  문제의식을 적극적으로 해결하려고 실천하는 의지와 자발성이 있다.

물론, 지인용이 모든 것을 해결해 줄 수 없습니다. 하지만 무지로 인해 오는 두려움, 책임이 무서워 도망 다니는 비겁함에서 나아갈 용기를 얻을 수 있습니다.

지금의 눈으로 그때를 평가하지 마라

자 왈 성사 불설 수사 불간 기 왕 불구
子曰 成事不說 遂事不諫 旣往不咎

팔일 11

공자께서 말씀하시길, "이미 이루어진 일은 논하지 말고,
끝난 일은 따지지 말고, 지나간 일에 허물을 삼지 말아라."

어린 시절 부모님을 따라 시골에 있는 조부모님 댁을 갈 때면
시간 여행하는 기분이었습니다. 지금은 도서 산간 지역 차가 많이
줄었지만 예전에 서울만 벗어나도 전혀 다른 시대를 느낄 수 있었
습니다. 논밭이 펼쳐진 전원적인 모습이며, 모시적삼을 입고 산책
하는 할아버지를 뵈면 흡사 김홍도의 그림이 눈앞에서 살아 움직
이는 듯한 느낌이 들었습니다.

그 시절 할아버지 말씀 중에 아직도 생생하게 기억나는 단어
'이왕지사 기왕불구'가 있습니다. 그 당시 상황까지는 기억할 수
없지만 어린 나이임에도 불구하고 할아버지 말씀이 묵직하고 큰
뜻이 있을 거라는 생각은 들었습니다. 이후에도 조부모님 댁을 갈

때면 할아버지 말씀이 신기하고 재밌어 졸졸 따라다닌 기억이 있습니다.

어느새 어른이라 불리는 나이에 접어들어 《논어》를 손에 들었을 때 '팔일 11'편을 읽으면서 지금은 돌아가신 할아버지 말씀을 추억하게 되었습니다.

공자의 말로 돌아가 보면, 공자는 제자가 임금에게 보고하면서 사실에 더하여 본인의 의견을 덧붙인 것을 알고 '성사불설 수사불간 기왕불구成事不說 遂事不諫 旣往不咎'라고 말했습니다.

- 성사불사成事不說: 이미 이루어진 일을 말하지 않으며
- 수사불간遂事不諫*: 이미 끝난 일은 간하지 않으며
- 기왕불구旣往不咎: 이미 지나간 일은 탓하지 마라

성인이 되고 수십 명 아니 수천 명의 다양한 사람들과 직장에서 얽히고 부딪칩니다. 여러 문제들을 다루며 직장 생활을 하다 보니 이제 조금 알게 되었습니다. 너무 많은 시간을 이미 지나간 일에 왈가불가하고 있었습니다. 문제의 본질에 힘을 쓰기보다는 지난일에 얽매여 힘을 쓰기 일쑤고, 지난일을 쑥덕거리기 일쑤였습니다. 공자의 말처럼 이미 끝난 일에 왜 아까운 시간과 에너지

---

* 諫(간하다): 웃어른이나 임금에게 옳지 못하거나 잘못된 일을 고치도록 말하다.

를 썼는지, 왜 사람들과 모여 눈앞에 놓인 현업과 미래의 과업을 고민하는 대신 이미 끝난 일에 흠잡고 탓하는 일을 한 것인지, 지금 생각하면 너무 창피하고 한심하기 짝이 없습니다.

다양한 형태의 조직에서 팀을 이끌면서 제가 팀 구성원들에게 하는 말 중 이런 말이 있습니다.

"그때는 맞고, 지금은 틀리다."

2015년 홍상수 감독의 영화 제목 〈지금은 맞고, 그때는 틀리다〉를 차용한 말입니다. 일을 하다 보면 과거 업무 히스토리, 예를 들어 과거에 이 업무가 어떤 성격을 가졌는지, 어떤 챌린지가 있었는지, 비즈니스에 어떻게 영향을 끼쳤는지, 어떤 사람이 이 업무를 담당했는지 등을 점검할 수밖에 없습니다. 한 사람이 한 가지 업무를 수년 동안 담당하는 경우도 있지만, 대부분 한 가지 일은 수년 또는 수십 년 동안 여러 사람의 손을 거치는 경우가 많습니다. 그렇게 하나씩 짚어가며 지난 업무 히스토리를 검토하다 보면 가장 먼저 궁금해지는 게 있습니다.

"이때 누가 이 업무를 맡았을까?"입니다. 그러면서 그 일 자체가 아닌 그 일을 맡았던 사람으로 초점이 맞춰집니다. 자연스러운 생각입니다. 일은 사람에 의해 진화 발전되기 때문입니다. 그러면서 자연스럽게 '지금'의 눈으로 '그때'를 평가하게 됩니다.

"그때 담당자인 김 과장이 일 처리를 잘했네", "그때 프로젝트 리더로 이 차장을 앉힌 건 잘못했네", "그때 프로세스 세팅은 잘했는데 이후 관리를 안 했네" 등 지금의 눈으로 보면 잘한 것보다 지적할 부분이 더 많이 보일 수 있습니다. 그러나 업그레이드해야 하는 시스템 또는 새로 도입해야 하는 정책 등을 논의하기 위해 과거 케이스를 살펴보되 '기왕불구' 어떤 의견도 토를 달거나 과거의 실수를 꺼내 보지 말라고 합니다. 시간 낭비이기 때문입니다.

직장에서의 일들이 그때는 맞고 지금의 시선에서는 틀릴 수 있습니다. 반대로 그때 실패했던 시스템과 정책이 있다면 그것도 그때는 틀리지만 지금은 맞을 수 있습니다.

하루는 누구에게나 24시간입니다. 직장에서의 하루 일과도 대부분 비슷하게 주어집니다. 어떤 사람은 지속적으로 나아가는 반면 어떤 사람은 계속 제자리에 머물러 있습니다. 가장 큰 차이가 무엇일까요? 자기 자리에 계속 머물러 있는 사람은 주어진 시간을 현업과 미래 과업을 위해 쓰는 대신 이미 지난 일 또는 놓친 일에 시간을 쓰기 때문입니다. 미팅을 하더라도 이런 특징의 사람들은 미팅 시간을 늘 초과하고 회의 주제는 산으로 가고 결국 같은 주제로 다음에 다시 미팅을 잡습니다.

결국 공자의 말은 지난 일을 따지거나 되돌아보는 대신 현명하게 지금 주어진 일에 가장 필요한 것이 무엇인지 초점을 맞추고 밀고 나갈 수 있는 현명함을 지니라는 것입니다.

일잘러라면 절대 하지 말아야 할 것

자 하 왈 소 인 지 과 야 필 문
子夏曰 小人之過也 必文

자장 8

자하가 말하길, "소인은 잘못이 있을 경우 반드시 꾸며댄다."

'자장'편은 공자 제자들의 어록으로만 구성되어 있습니다. 그러나 잘 읽다 보면 공자의 언행과 유사한 부분이 많습니다. 당연히 그 스승의 그 제자라는 말이 나옵니다. '자장'편을 읽다 보면 자장이 가장 많이 등장할 것 같지만, 절마다 세어 보면 자장은 3번, 자하는 11번, 자유는 3번, 증자는 4번, 자공은 6번 등장합니다.

자하 또한 공자의 공문십철 중 한 명입니다. 공자는 사람의 성품을 군자와 소인으로 나누어 자주 논했습니다. 공자의 제자 중에 문학으로 아주 뛰어난 자하가 자신의 제자들에게 한 말입니다. 누구나 잘못을 저지를 수 있습니다. 의도했든 의도하지 않았든 잘못임이 드러났을 때 그 사람의 성품을 알 수 있습니다. 자하가 말한 "소인들은 잘못이 있을 경우 반드시 꾸며댄다"라는 말은 "소인들은 잘못이 드러났을 때 인정하지 않고 대신 변명하며 피하려 한다"라고 해석할 수 있습니다.

실제 우리 주변에서 자주 볼 수 있습니다. 내 자신도 순간 잘못임을 인지했을 때 변명과 거짓말로 그 잘못을 회피하려 한 적은 없는지 돌아볼 일입니다. 잘못은 저지른 것도 나쁘지만 그 잘못을 인정하지 않고 변명하고 나아가 다른 사람에게 그 잘못을 씌우려는 행동이 더 잘못입니다.

우리의 일상생활에서 잘못이 분명하게 드러나는 상황이 언제일까요? 바로 직장 생활입니다. 직장은 약속된 시스템과 프로세스로 이루어져 있기 때문에 누구의 실수와 잘못이 금방 드러날 수밖에 없는 구조입니다.

직장 생활에서 잘못은 무엇을 의미할까요? 잘못에 대해 이야기하기 전에 실수와 잘못에 대해 생각해 볼 수 있습니다. 업무를 하면서 우리는 보통 '이건 실수다. 이건 잘못이다'라고 구분할 수 있을까요? 대부분 자기 자신에겐 관대하기 때문에 업무에 문제가 생기면 스스로 잘못보다는 실수라고 생각합니다. 그래서 일이 더 커지는 경우가 많습니다. 사소한 실수쯤으로 여기고 넘겨버리기 때문입니다. 사전적 의미로 '실수'는 '조심하지 아니하여 잘못함' 또는 '말이나 행동이 예의에 어긋남'으로 실례를 저지른 경우에도 해당이 됩니다. 또한 '잘못'의 의미는 '잘하지 못하여 그릇되게 한 일' 또는 '옳지 못하게 한 일'이라고 설명하고 있습니다.

어느 날 K대리가 찾아왔습니다. 본인의 잦은 업무 실수로 팀장에게 지속적인 모니터링을 당하고 심지어 업무를 잘해 가도 의심을 받고 자신을 자꾸 능력 없는 사람으로 취급해서 사기가 떨어지고 얼굴도 마주치기 힘들다고 털어놓았습니다. 자신이 내린 결론은 팀을 이동해야 하는지 아니면 퇴사를 고려해야 하는지 너무 답답하다고 상의하러 온 겁니다. K대리의 동의를 얻고 그 팀장과 일대일 티타임을 가졌습니다. 팀장이 지금 K대리의 상태를 어떻게 인지하고 있는지 궁금했고, K대리의 실수를 어떻게 해석하는지 물어보고자 했습니다. 팀장은 다음과 같이 말했습니다.

"K대리는 본인의 실수를 잘못이라고 생각하지 않습니다. 계속 실수라고 말하면서 대수롭지 않은 문제를 팀장인 제가 자신을 괴롭히려는 명목으로 모니터한다고 생각합니다. 회사 일에서 실수가 어디 있습니까? 업무 미숙도 잘못이고 미숙한 업무를 노력하지 않는 것도 잘못이라고 생각합니다. K대리 때문에 고스란히 다른 팀원들이 그 잘못을 메우기 위해 별도의 에너지를 쏟고 있습니다. 그렇다고 K대리가 팀원들에게 미안해서 커피 한 잔이라도 사준 것을 본 적도 없습니다. 본인의 실수는 계속 일하다 보면 자연스레 익숙해져 해결되는 것으로 생각합니다. 저는 절대 그렇다고 생각하지 않습니다."

그리고 팀장과 K대리와 같이 티타임 자리를 만들었습니다. 팀장과 K대리 두 사람만 일대일 미팅을 할 경우 이런 내용은 자연스럽게 윗사람인 팀장의 주도로 이야기하다 끝나는 경우가 많습니다. 그래서 세 명이 만난 티타임 자리에서 팀장의 속내를 그대로 K대리에게 전달하는 시간을 가졌습니다. 동시에 K대리도 팀장의 생각에 대해 본인의 의견을 말할 수 있었습니다.

K대리 본인은 업무 착오와 문제가 실수라고 생각해서 그 실수에 대해 미안함은 가득했지만 잘못이라는 생각은 하지 않았습니다. 그렇다 보니 팀장과의 간극이 큰 것임을 알게 되었습니다. 팀장은 본인이 이것이 왜 잘못인지를 명확하게 알려주지 않았고, 잘못을 대하는 K대리의 태도에 불신이 생기게 된 것입니다. 중간에 모더레이터(moderator, 중재자)로서 두 사람의 생각 차이를 짚어주면서 K대리에게는 분명하게 이 부분은 잘못이 맞다고 알려주었습니다. 또한 실수도 분명 잘못에 해당하는 것이므로 이를 대하는 태도는 분명히 개선해야 한다고 덧붙였습니다. 동시에 팀장에게는 우리 모두는 자신의 실수와 잘못에 관대할 수밖에 없고 그렇기 때문에 먼저 그 시행착오를 겪은 팀장이 팀 구성원인 K대리에게 직접 알려주고 같이 개선해야 한다고 말했습니다.

직장 생활에서 잘못에 대한 이해와 이후 처리 방식, 태도가 얼마나 중요한지 알 수 있는 일화입니다. 잘못을 인정한다고 해서 어느 누구도 비난하지 않습니다. 오히려 잘못을 인정하고 적극적으로 개선하려는 자세는 주변의 칭찬과 지지를 받습니다. 그런 문화가 자리 잡을 수 있도록 군자다운 리더들의 역할이 무엇보다 중요하다고 할 수 있습니다.

생각하면서 일해야 한다

자 왈 위 명 비 심 초 창 지 세 숙 토 론 지
子曰 爲命 裨諶草創之 世叔討論之
행 인 자 우 수 식 지 동 리 자 산 윤 색 지
行人子羽脩飾之 東里子産潤色之

헌문 9

공자께서 말씀하시길, "외교 문서를 작성할 때는
비심이 대략적으로 초안을 작성하고, 세숙이 검토하면서 의견을 더하고.
행인(외교관) 자우가 수정한 후, 동리에 거주하는 자산이
최종 매끄럽게 다듬어 완성했다."

기원전 806년 전 춘추전국시대의 정나라에서는 외교 문서를
작성할 때 다음과 같이 네 단계를 거쳤다고 합니다.

초창草創 ⋯▸ 토론討論 ⋯▸ 수식脩飾 ⋯▸ 윤색潤色

'초창'은 말 그대로 초안을 만드는 것입니다. '토론'은 보통 안
건을 가지고 찬성과 반대의 입장에서 논의하는 것인데 여기서 '토
론'은 검토하고 의견을 더하는 과정입니다. '수식'은 수정 과정이며,

152

최종 '윤색'은 마지막으로 메시지를 잘 전달할 수 있도록 문서의 형식뿐만 아니라 형태, 포장까지도 메이크업을 하는 과정입니다.

글로벌 회사에서도 문서를 다룰 때 매우 유사한 단계를 밟습니다.

초안Draft ⋯▸ **구체화**Concrete ⋯▸ **수정 보안**Tweak ⋯▸ **마무리**Polishing

어느 단계가 더 중요하고 덜 중요하다고 할 수는 없습니다. 하지만 시작 단계인 초안에 많은 아이디어와 정보가 담겨야 합니다. 그렇지 않을 경우 이후 단계에서 많은 시간과 에너지를 소모하게 됩니다. 그래서 초안이 여러 버전으로 준비되는 이유입니다.

정나라의 문서 작성 절차가 중요한 외교 문서를 다루는 상황에서만 적용할 수 있는 것은 아닙니다. 모든 문서와 커뮤니케이션에서도 고려되는 절차입니다. 정나라에서는 각 단계를 모두 다른 전문 담당자가 다루었습니다. 중요한 외교 문서인 만큼 여러 사람의 검토와 개입이 필요해서 일 겁니다. 오늘날 조직에서도 안건의 중요도에 따라 한 사람 이상 또는 외부 전문가 집단에 의뢰하기도 합니다.

정나라의 문서 작성 단계는 단지 일을 처리하는 일정한 방법과 형식만을 강조한 것이 아닙니다. '사고의 프로세스Process of Thinking'를 그대로 반영하고 있습니다. 우리가 보통 '생각하면서 일해야 한다'라는 말을 종종 합니다. 여기서 생각은 '사고의 프로세스'를 의미합니다. 이것은 아이디어를 형성하고(=초장), 결정을 내리며(토론), 문제를 해결하고(수식), 최종적으로 솔루션을 도출하는 (윤색) 것입니다.

매일 반복되고 몸에 밴 일들도 생각을 하면서 일을 해야 하는 이유가 있습니다. 비즈니스와 조직은 사업의 방향에 따라 계속 진화하게 되어 있습니다. 그 속도는 비즈니스를 둘러싼 다양한 요소들에 의해 달라집니다. 그런 점을 인지 못하고 10년 전에 하는 방식 그대로 지금까지 답습하고 또 답습하며 매일의 시간을 채우고 일을 많이 했다고 생각합니다. 물론 산업군에 따라 과거 방식이 그대로 적용되어야 하는 프로세스 또는 특정 단계가 존재합니다. 하지만 그런 업무 조차도 업그레이드되고 변형되지 않으면 사업 자체가 사장될 수 있습니다. 시장의 흐름과 리듬을 맞출 수 없기 때문입니다. 작년과 같은 올해의 일 또는 지난달과 같은 이번달의 일은 필히 있을 수밖에 없습니다.

조직에서 습관처럼 매일 하는 문서 작성과 여러 보고들을 우리는 '생각'이라는 것을 놓아두고 시스템에만 기대어 하고 있는 건 아닌지 수천 년 전 정나라 일잘러들의 업무 방식에서 다시금 배워봐야 할 것입니다.

PART 4

잘되는 사람들의
관계법

타인을 통해 배우는 힘

자 왈 불 환 인 지 불 기 지 환 부 지 인 야
子曰 不患人之不己知 患不知人也

학이 16

공자께서 말씀하시길,
"남이 나를 알아주지 않음을 걱정하지 말고,
내가 남을 알아주지 못함을 걱정하라."

《논어》는 총 20편으로 구성되어 있고, 그 아래 498개의 문장들로 이루어져 있습니다. 모든 문장, 하나하나가 귀하고 곱씹지 않을 말이 없습니다. 그중 우리가 매일 마주하는 조직의 현실 속에서 최고로 새겨야 할 말을 하나 꼽으라면 '환부지인患不知人'이라고 말하고 싶습니다.

회사 생활의 메커니즘은 수많은 타인과 지속적으로 소통하고 관계를 만들어가며 목표하는 성과를 위해 전진하는 과정의 총체입니다. 그 과정은 혼자서 이끌어갈 수 없고, 유기적이고 반복적으로 얽히고 재조율되면서 이루어집니다. 이때 우리 개인이 겪는

159

가장 큰 스트레스와 장벽은 무엇일까요? 바로, 사람입니다.

　우리가 하루 일과를 마치고 그날을 돌아봤을 때 느끼는 보람, 진행하는 프로젝트가 타임라인에 맞게 진행될 때 느끼는 성취감 등은 어디에서 오는 걸까요? 이는 상사 또는 동료로부터 인정받았을 때입니다. 물론 인정받기 위해서만 살 수는 없습니다. 또한 매일 인정받는 것도 아주 어려운 일입니다. 스스로를 뿌듯해하고 칭찬할 수도 있습니다. 하지만 회사 생활에서의 보람과 성취감은 주변 동료들의 피드백 그리고 상사의 인정 등 사람들로부터 오는 것입니다. 그래서 우리는 회사 생활의 흥망성쇠 그리고 희로애락이 사람에 의해 결정된다고 말하는 데 주저함이 없습니다.

　그렇다면 나는 정작 얼마나 자주 주변 동료 또는 상사가 보람과 성취감을 느낄 수 있도록 피드백 해주고 인정해 주었는지 생각해 볼 수 있습니다. 동료로부터 칭찬과 인정을 받을 때는 마땅히 그럴 만하고, 그만큼 노력했으니 당연한 거라고 생각할 수 있습니다. 그렇지 못했을 때는 서운하고 지칩니다. 반대로 모든 구성원이 인정하는 분위기에서 내가 먼저 동료를 칭찬하는 데 주저한 경험도 있을 겁니다.

　내게 관심을 갖고 적극적으로 칭찬해준 동료 또는 상사에게 그저 고맙다고만 답한 적은 없었는지요? 당연히 받을 인정과 칭찬이 돌아오지 않을 때 동료나 상사를 원망한 적은 없었는지요? 공자의 말처럼 남이 나를 알아주지 않음을 걱정하는 대신, 내가 주변의 동료 또는 상사의 수고를 먼저 생각하며 일을 게을리하지 않았는지 생각해 보면 어떨까요?

내가 남을 먼저 인정하고 칭찬할 때, 타인은 더 적극적으로 나를 인정하고 칭찬하게 됩니다. 그래서 많은 기업들이 조직 문화 개선을 위한 첫 번째 액션으로, 칭찬 릴레이 또는 우수 사원 선발 등 내부 구성원들 사이의 관심을 촉구하는 활동 등을 합니다. 성숙한 조직 문화의 시작은 조직 구성원 개개인의 태도에서 시작되기 때문입니다.

《논어》를 읽다 보면 반복적으로 공자가 강조하는 말이 있습니다. 다른 사람을 미워하고 탓하기 전에 스스로 먼저 깨우치고 반성하면 도리(道理, 사람이 어떤 입장에서 마땅히 행해야 할 바른길)에 어긋나지 않는다고 했습니다. 묵묵히 열심히 일했는데 상사와 동료가 그런 나를 모르는 것 같고, 번지르르하게 말만 잘하는 동료는 인정받는 것 같고, 이 회사와 내가 안 맞는 것 같고, 나에게만 무리한 업무 지시를 하는 상사, 칼퇴근하려고 업무 마무리도 하지 않고 돌아서는 동료, 한두 번 협조했더니 나를 호구로 보는 타 부서 사람들까지 모든 것이 한꺼번에 휘몰아치는 경험을 직장 생활에서 해본 사람이라면 알 겁니다.

우리가 반성이라고 하면 과거 잘못에 대한 반성으로만 생각합니다. 반성(反省, 자신의 언행에 대하여 잘못이나 부족함이 없는지 돌이켜 봄)의 뜻을 새겨 보면 잘못에 대한 반성보다 리플렉션(Reflection, 성찰)이라고 하는 영어 단어와 유사한 의미입니다.

반성(=성찰)은 꼭 자신의 언행이나 잘못을 통해서만 하는 것이 아닙니다. 타인의 언행이나 잘못을 통해서도 성찰하고 깨우칩니다. 우리가 보통 성숙하고 현명한 사람이라고 말하는 경우가 이에 해당됩니다. 마땅히 인정받고 격려해줘야 할 동료를 상사와 동료가 무관심할 때 '이 회사 사람들은 이상해'라고만 생각하고 뒤돌아서 다른 동료들과 뒷담화 한 적은 없는지 돌이켜봐야 합니다. 그 상황을 제3자로 바라보고 넘기는 대신 뒤돌아보며 성찰해봐야 합니다.

반대로 기회가 왔을 때 적극적으로 주변 동료나 상사의 공을 인정하고 격려를 아끼지 말아야 합니다. 이것이 공자가 말한 '환부지인'입니다.

최고의 팀이 되기 위한 필수 덕목

공자께서 말씀하시길, "덕을 실천하는 사람은 외롭지 않고,
반드시 알아주는 사람이 있다."

우리가 보통 유교 사상을 떠올렸을 때, 윗사람을 무조건 공경
해야 하고, 늘 자신을 낮추고, 상대를 배려하는 등 어렵고, 고지식
하고, 보수적이라는 생각을 먼저 하게 됩니다. 보통 어떤 사람을
일컬어 가부장적이거나 보수적이면 유교 사상이 강하다고 말하기
도 합니다. 우리가 가지고 있는 유교 사상에 대한 편견 중에 가장
대표적이라고 할 수 있습니다.

주변 사람들이 왜 《논어》를 읽어야 하냐고 물어볼 때가 많습
니다. 그때마다 《논어》를 한 번도 접하지 않은 사람은 있어도 한
번만 접한 사람은 없을 거라며 《논어》 읽기를 강조합니다. 《논어》
에 대해 가장 잘 설명할 수 있는 말이 아닌가 싶습니다. 《논어》를

한 번이라도 접해 본다면, 공자의 가르침인 유교 사상이 보수적이고 융통성 없는 사상이 아닌 포용적이고 융통성 있으며 미래 지향적인 사상의 근본임을 알 수 있습니다. 《논어》에서 가장 많이 나오는 글자가 인(仁, 어질 인)입니다.

인(仁)의 한자를 자세히 들여다보면 인을 뜻하는 의미가 다음과 같습니다.

1. 어질다, 자애롭다, 인자하다
2. 감각이 있다
3. 사랑하다
4. 불쌍히 여기다
5. 어진 사람, 현자
6. 어진 마음, 박애

공자는 인을 평생 실천해도 모자란다고 말했습니다. 그만큼 많은 뜻을 내포하고 있으며, 인의 가르침은 곱씹을수록 정확히 하나의 뜻으로만 정의하기 힘듭니다. 그래서 《논어》를 비롯해 유교 사상 전반에 걸쳐 뿌리가 되고 동시에 우리 삶과 인간관계에 지속적으로 노력해야 할 자세가 되기도 합니다.

우리 삶 중에서 가장 많은 시간을 보내고 치열하고 격렬하게 자신을 갈고닦는 곳이 어디일까요? 바로 직장에서의 삶입니다. 《논어》에서 강조하는 인의 자세와 마음으로 직장의 삶을 대하면 가장 이상적일 겁니다. 하지만 《논어》를 읽었다고 해서 인을 바로 실천할 수 있는 것도 아닙니다. 직장의 삶에서 조금 더 현실적이고 실천할 수 있는 마음 자세는 무엇일까요? 바로의 덕德의 마음이 아닐까 생각합니다.

덕德의 한자를 자세히 들여다보면 덕을 뜻하는 의미가 다음과 같습니다.

1. 크다
2. 덕을 베풀다(일을 차리어 벌이다, 도와주어서 혜택을 받게 하다)
3. 고맙게 생각하다
4. 도덕, 은덕
5. 복, 행복

우리에게 가장 친숙한 의미는 '덕을 베풀다'일 겁니다. 이 뜻을 자세히 풀이하면, '일을 차리어 벌리고, 다른 사람을 도와주고, 혜택을 받게 한다'입니다. 그리고 덕의 뜻에는 '고맙게 생각하다'는 의미도 있습니다. 덕德의 의미를 곱씹을수록 직장의 삶에서 가장 필요한 마음 자세가 아닐까 생각합니다.

조직에서 크든 작든 팀을 이끄는 팀장이라면, 조직을 움직이는 구성원이라면, 회사 전체를 그리는 임원이라면 어느 위치 하나하나에서 덕을 실천하지 않을 이유가 없습니다. 리더는 일을 차리고 벌려야 합니다. 그리고 팀원들이 그 일을 밀고 나갈 수 있도록 도와주고, 고맙게 생각해야 합니다. 그 결과 혜택을 받을 수 있도록 해야 합니다.

즉, 리더는 덕을 베풀어야 합니다. 이것이 리더십입니다. 모든 조직에서 일만 잘하는 사람을 리더로 두지 않는 이유입니다. 덕을 베푸는 리더에게는 사람이 따르게 되어 있습니다. 요즘은 팀장이 같이 일하고 싶은 팀원을 뽑는 대신 역으로 구성원이 같이 일하고 싶은 팀장을 뽑는 시대입니다. 일명 '상사 선택제'입니다. 덕을 베푸는 리더와 같이 일하고 싶은 팀 구성원은 리더의 리더십 못지않게 팔로워십을 발휘하게 됩니다. 리더십보다 더 중요한 팔로워십은 조직 구성원들이 자발적으로 서로 상호 작용하며 조직의 목표 달성에 적극 참여합니다.

리더십과 팔로워십의 조화는 리더에게는 성과와 발전을, 구성원에게는 보상과 일의 의미를 부여합니다. 궁극적으로 직장의 삶을 건강하고 풍요롭게 만드는 것입니다.

공자는 '덕을 실천하는 사람은 외롭지 않다'고 했습니다. 따르는 사람이 있고, 지지하는 사람이 있고, 함께 걸어가길 원하는 사람들이 있기 때문입니다. 덕은 리더에게 팀을 이끄는 힘을, 구성원에게는 책임감과 성장을 가져다줍니다.

차라리 과감하게 앞담화를 해라

자장문명 자왈 침윤지참 부수지소 불행언 가위명야이의
子張問明 子曰 浸潤之譖 膚受之愬 不行焉 可謂明也已矣

침윤지참 부수지소 불행언 가위원야이의
浸潤之譖 膚受之愬 不行焉 可謂遠也已矣

안연 6

자장이 밝음(지혜)에 대해 공자께 묻자 공자께서 말씀하시길,
"물에 젖는 듯한 참소와(남을 헐뜯음) 피부로 느껴지는 듯한 절박한 하소연이
듣지 않는 사람이라면 가히 밝은 사람이라고 할 수 있다.
물에 젖는 듯한 참소와(남을 헐뜯음) 피부로 느껴지는 듯한 절박한 하소연이
듣지 않는 사람이라면 가히 밝음을 넘어 원대한 사람이라고 할 수 있다."

공자의 제자인 자장은 공자에게 명明에 대해 물었습니다. 명은 눈이 밝은 것이고, 이는 지혜, 통찰력, 현명함, 총명함 등으로 해석할 수 있습니다. 눈이 밝다고 많이 보는 것이 아니라 보이는 것을 제대로 판단하는 것이 더 중요합니다. 공자가 밝음에 대해 묻는 자장에게 주변의 헐뜯음과 중상모략 또는 하소연 등을 듣더라도 흔들리거나 넘어가지 않고 제대로 볼 수 있는 것이 밝음 즉, 명이라고 말했습니다.

167

'안연 6'편의 공자 말을 접하면서 회사 내 인간관계에서 가장 힘든 부분이 이 부분이 아닌가 싶습니다. 여기저기 타인을 헐뜯는 뒷담화로 인해 직장 내 괴롭힘, 왕따, 최악의 경우 목숨까지 놓아 버리는 사건들을 심심치 않게 뉴스를 통해 접하게 됩니다.

끊임없이 들리는 타인의 뒷담화 그리고 그 안에서 같이 있다 보면 자신 스스로도 무뎌지고 결국 같이 타인을 뒷담화 하게 됩니다. 소문의 '~카더라'를 사실로 받아들이고 다른 사람의 의견에 부화뇌동(자신의 생각과 주장 없이 남의 말에 동조)하게 되는 자신의 모습을 한 번쯤은 마주한 적이 있을 겁니다.

회사 내에서 친근함을 무기로 툭하면 부탁을 하거나 일을 떠넘기거나 듣기 좋은 말로 눈과 귀를 흐리게 하기도 합니다. 자칫 내가 호구 같다는 생각을 들게 합니다. 회사 내 뒷담화 자리 그리고 내가 이용당하는 것 같은 느낌이 드는 상황을 잘 판단하고 중심을 잡는 것이 아주 어렵습니다. 공자도 이를 알았던 것처럼 자장에게 참소에 흔들림 없는 사람이 지혜로운 사람이라고 했습니다. 또한 지혜를 넘어 심오하고 깊은 사람이라고 했습니다.

물론, 뒷담화를 조장하고 음해하는 사람이 무조건 잘못이지만 우리가 이런 사람을 미리 알아차리고 피하는 것도 쉽지 않습니다. 그래서 공자는 각자가 명, 즉 밝음으로 무장해야 한다고 강조한 것입니다.

인사 업무를 하면서 구성원들과 종종 나누는 말이 있습니다.

"뒷담화를 하려거든 차라리 앞담화를 해라!"

뒤에서 말하면 뒷담화지만 앞에서 말하면 피드백이 됩니다. 자신의 말에 책임을 질 수 있습니다. 듣기 불편한 피드백도 있을 수 있습니다. 서로 의견을 나누면서 오해가 풀리기도 하고 그러면서 개선점도 발견됩니다.

물론 쉬운 일은 아닙니다. 그래서 연습이 필요합니다. 처음에는 다소 어색하고 불편할 수 있지만 오히려 회사 생활에서 건강한 인간관계를 만드는 데 매우 도움이 됩니다.

그리고 앞담화를 하려면 본인 스스로 먼저 점검하고 성찰해야 합니다. 그래야 서로에게 배움이 됩니다. 결국, 앞담화(피드백)는 자신을 지혜롭게 만듭니다.

25년 가까이 직장 생활을 하면서 10년을 한 곳에서 근무한 경험도 있고, 짧게는 1~2년 정도 근무한 경험도 있습니다. 다양한 상황과 이유가 있지만 짧게 머물렀던 곳의 공통된 조직 문화가 있었습니다. 바로, 리더가 뒷담화 문화를 조장하는 경우였습니다. 직원들끼리 뒷담화에 부화뇌동하더라도 리더는 거기에 휩쓸리거나 또는 뒷담화를 이끄는 주체가 되어서는 안 됩니다.

우리가 조직 내 인간관계에서 아무리 스스로를 지혜로 무장하더라도 직장 생활은 절대 개인 혼자 일을 진행하고 성취할 수 없습니다. 그래서 인간관계에서 오는 스트레스가 이직의 1순위인 것입니다.

동료가 아닌 리더가 뒷담화의 주체라면 어느 누구도 그 조직에 있기 힘듭니다. 이왕이면 적극적으로 앞담화(피드백) 하는 리더가 되어야 합니다. 결국 리더는 총명(聰明, 귀와 눈이 밝다)해야 합니다. 귀가 밝아 어떤 소리가 맞고 틀린지 가려내야 하고, 눈이 밝아 멀리 보고 상황을 재빠르게 판단해야 합니다. 그래야 조직이 흔들리지 않고 바로 설 수 있습니다.

업무 스킬보다 중요한 의사소통 능력

자 왈 사 달 이 이 의
子曰 辭達而已矣

위령공 40

공자께서 말씀하시길, "말이란 전달만 되면 된다."

일상생활에서도 타인과의 의사소통은 관계의 핵심 역할을 합니다. 좋은 관계도 의사소통이 잘됐을 때 이루어집니다. 반대로 관계가 틀어지고 오해와 미움이 쌓이는 것도 사건의 본질보다 과정의 의사소통에서 야기되는 경우가 더 많습니다.

직장 생활에서는 어떨까요? 조직은 목적과 성격에 따라 부서, 팀으로 세분화되고 그 안에서도 역할에 따라 업무가 조각조각 퍼즐처럼 나누어져 있습니다. 각자의 퍼즐이 따로 또 같이 하나가 되는 것이 바로 직장에서 말하는 조직입니다. 이것을 조직 내 퍼즐링이라고 합니다.

우리는 직장 생활에서 매일 다양한 채널로 이루어지는 의사소통을 경험합니다. 재택근무가 일반화되면서 직장 생활에서 의사소통은 정보 전달만이 아닌 '사달(辭達, 말씀 사, 전할 달)'이 되어야 함을 절실히 경험합니다.

공자는 "말이란 전달만 되면 된다"라고 했습니다. 이는 말만 전달되면 소통에 문제가 없다는 말로 이해하기 쉽습니다. 공자의 말에서 사달의 '辭(사)'는 뜻을 더 깊이 들어가보면 '사상(생각)'을 말이나 글로 나타낸 것'이라고 되어 있습니다. 입 밖으로 나온 말 자체가 말이 아니라, 말은 우리의 사고의 작용을 거쳐 나온 결과물로서의 말이라는 것입니다. 그렇다면 그 말은 전달만 되면 정확한 의사소통에 무리가 없다는 말입니다.

사고의 작용 없이 늘 해오던 일의 방식대로 단순 반복적인 사고로 의사소통하는 사람과 본인 업무에 고민과 정성을 다하는 사람과의 의사소통은 이메일 또는 화상 미팅에서 고스란히 드러납니다.

결국 직장 내 일 잘하는 톱 탤런트Top Talent 중에는 실제 업무 스킬보다 의사소통 능력이 우수한 사람들이 많습니다. 이들의 차이는 어디에서 오는 걸까요?

조직 내 업무는 대부분 약속된 시스템과 프로세스에 의해 진행됩니다. 단순히 정보만 전달하는 사람은 이 프로세스의 단계별 스텝을 밟는 데 집중합니다. 그들의 의사소통은 다음 절차에 대한 yes/no로 이루어집니다. 반대로 사달 즉, 같은 프로세스를 밟더라도 앞뒤 상하 주변 상황을 점검하고 프로세스가 모든 것을 해결할 수 없음을 감지하고 그 과정에서 적극적인 개입Intervention을 하면서 의사소통을 합니다.

　직장 생활에서 성과를 낸다는 것은 절대 혼자서 만들 수 있는 게 아닙니다. 구성원은 하나의 퍼즐로 역할을 해야 하고, 리더는 각각의 퍼즐이 하나로 맞춰지도록 가이드하고 모으는 일을 해야 합니다. 퍼즐링이 잘되려면 무엇이 가장 중요할까요? 바로, 의사소통입니다. 아무리 강조해도 지나치지 않지만, 아무리 노력해도 가장 어려운 것이 의사소통입니다.

　정리하면 말 자체가 중요한 것이 아니라 나의 사고, 즉 생각이 더 중요하다고 할 수 있습니다. 논리적이고 정교하며 건강한 사고를 하는 것이 의사소통을 잘하는 첫걸음인 것입니다.

상사와의 관계에서 피해야 할 세 가지

공자왈 시어군자 유삼건 언미급지이언 위지조
孔子曰 侍於君子 有三愆 言未及之而言 謂之躁
언급지이불언 위지은 미견안색이언 위지고
言及之而不言 謂之隱 未見顏色而言 謂之瞽

계씨 6

공자께서 말씀하시길,
"군자를 모실 때 저지르기 쉬운 세 가지 잘못이 있다.
묻기도 전에 먼저 말하는 조급함의 잘못,
말을 했는데도 대꾸하지 않는 숨김의 잘못,
안색을 살피지 않고 말하는 잘못이다."

오늘날 직장에 공자가 있었다면 어떤 부하 직원이고, 어떤 상사였을지 상상하곤 합니다. 공자에게는 3천 명이 넘는 제자가 있었다고 합니다. 전국 각지에서 공자의 가르침을 받고자 모여들었다고 합니다. 그들의 가장 큰 목표는 나랏일을 하는 것이었습니다. 현대 사회의 일타 강사를 찾아가 취직 잘하는 법을 익히고 최고의 회사에서 일자리를 얻는 일종의 입신양명(자신의 뜻을 확립하고 이름을 드날린다는 뜻으로, 사회적으로 인정받고 유명해지는 것을 말함)

같은 것이었습니다.

공자는 제자들에게 군자를 모실 때 저지르기 쉬운 세 가지 잘못에 대해서 말했습니다. 요즘 직장과 비교한다면 우리가 상사와 일할 때 저지르기 쉬운 세 가지 잘못이라 해석할 수 있습니다. 상사가 묻기도 전에 말할 때가 아닌데 말하는 경우, 이를 조급함이라고 말했습니다. 그다음으로 상사가 말을 했는데도 침묵하는 것, 이를 숨김이라고 말했습니다.

외국인 상사와 일하다 보면 가장 많이 하는 말이 있습니다.

Good news 'often' but Bad news 'immediately'.
좋은 소식은 가끔이라도 좋다. 하지만 안좋은 소식은 즉시 보고해 달라.

아무리 좋은 소식이라도 조급함에 상사가 묻기도 전에 말하는 경우가 많습니다. 반대로 상사가 궁금하고 걱정하는데도 숨기고 보고 안 하는 경우도 있습니다. 조직 생활에서는 가장 큰 잘못은 조급함보다는 숨김입니다. 더 나아가 은폐(隱蔽, 덮어서 감춤)입니다. 당장은 걱정과 두려움에 숨기고 적당한 때를 살펴 상사에게 보고한다고 하지만, 사실 그것 자체가 이미 은폐입니다. 더 준비하고 완벽할 때 보고한다는 미명으로 숨기고 주저하고 그러다 보면 사태가 악화되는 경우가 많습니다.

보고도 잘하고 상사와의 관계도 좋은 사람들의 특징을 수천 년 전의 공자는 이미 살피고 연구했다고 할 수 있습니다. 상사와의 원활한 관계란, 절대 사적인 친밀감에서 오는 것이 아닙니다. 조직의 분위기, 대내외 시장의 흐름 그리고 우리 팀에 주어진 과제 이 모든 상황을 잘 읽는 능력으로 상사와 협업하는 것입니다. 그 과정에서 상사가 필요한 정보를 때에 맞게 전달할 수 있어야 합니다.

마지막으로 공자는 상사의 안색을 살피지 않고 말하는 것을 잘못이라고 말하면서, 이를 눈이 멀었다고까지 묘사했습니다. '미견안색이언 위지고未見顏色而言 謂之瞽'는 상사의 상황, 즉 주변 상황을 고려하지 않고 자신이 할 말만 하는 것을 지적한 겁니다. 우리가 보통 분위기 파악을 잘해야 한다는 맥락과 일맥상통합니다. 소위 이것을 눈치 또는 센스라고 표현하기도 합니다. 공자는 상황 파악과 때를 구분하지 못하는 것을 지적하면서, 보고 느끼고 살피면 어려운 것이 아닌데 자신의 관점에서만 살핀 것을 지적한 것이 아닌가 생각합니다.

이와 같이 공자가 이야기한 세 가지 잘못은 꼭 상사와의 관계에서만 해당되는 것이 아닙니다. 직장 생활에서 부딪치는 모든 인간관계의 소통에서도 해당되니 꼭 기억해 둬야 합니다.

직장에서 롤 모델 찾는 법

자왈 삼인행 필유아사언 택기선자이종지 기불선자이개지
子曰 三人行 必有我師焉 擇其善者而從之 其不善者而改之

술이 21

공자께서 말씀하시길, "세 사람이 같이 걷다 보면
반드시 나의 스승이 있다. 선한 사람을 선택하여 좋은 점을 따르고,
선하지 못한 사람은 나의 나쁜 점을 고치는 교훈으로 삼는다."

《논어》의 '이인 17'편에도 "현명한 사람을 만나면 그와 같아질
것을 생각하고, 현명하지 못한 사람을 만나면 나도 그렇지 않은
지 스스로 반성하라"는 말이 있습니다. '술이 21'편과 매우 일맥상
통한 말입니다.

공자의 말처럼 세 사람이 있다고 가정하면 착한 마음으로 상
대를 대하는 사람도 있고, 미움으로 상대를 대하는 사람도 있습니
다. 베풀고 알려주고 도와주려는 사람이 있는 반면, 하나라도 남
의 것을 뺏으려 하고 나누지 않는 사람도 있습니다. 내 주변 사람
을 이분법적으로 선한 사람과 못된 사람으로 구분할 수는 없습니

다. 모두가 자신의 입장에서 바라보고 우선 생각하기 때문입니다. 그래서 공자는 '세상의 모든 이가 나를 일깨워 주는 스승이다'라고 말하면서 매일 자신을 반성하고 성찰하는 것을 강조했습니다.

주변의 좋은 사람을 보면 자연스레 '나도 저 사람처럼 보여야 겠다'고 생각하게 됩니다. 그렇게 되고 싶고, 닮고 싶다는 내면의 소리입니다. 반대로 그렇지 못한 사람을 보면 자연스레 '저 사람처럼은 되지 말아야지'라고 먼저 생각하게 됩니다. 매우 자연스러운 반응입니다. 그래서 공자는 선한 사람의 선함은 따르고, 선하지 못한 사람에 대해서는 그 사람을 지적하는 대신 거울 삼아 나도 그렇지 않은지 반성하고 더 나아가 나의 나쁜 점을 고치는 교훈으로 삼으라고 말한 겁니다.

직장 생활에서 본능적으로 사람을 가장 기분 나쁘게 만드는 상황이 무엇일까요? 상사에게 꾸지람을 들었을 때? 타 부서에서 불만을 제기할 때? 고객이 재촉할 때? 아닙니다. 상대가 예의와 매너 없이 나를 대할 때입니다. 표정, 행동 그리고 말투에서 상대가 무례하게 나를 대할 때 가장 기분이 나쁩니다. 그리고 그 여운은 퇴근할 때까지 아니 퇴근 후 집에 갈 때까지도 마음을 불편하게 만듭니다.

상사로부터의 꾸지람, 타 부서의 불만, 고객의 재촉은 모두 일의 과정과 결과에서 문제와 해결점을 찾을 수 있습니다. 그걸 찾아내고 수정하고 해결해 가면서 헤쳐 나갈 수 있습니다. 일이기 때문입니다. 그리고 상사와 동료의 도움도 받을 수 있습니다.

하지만 본능적으로 기분이 나쁠 때는 어느 누구의 도움도 받을 수 없습니다. 일이 아니고 감정이기 때문입니다. 요즘은 직장 내 괴롭힘, 갑질 신고 등 다양한 채널을 통해 공식적으로 도움을 받을 수도 있지만, 모든 감정의 불편함을 해결할 수는 없습니다.

우리는 로봇이 아니기 때문에 감정과 생각이 표정과 행동 또는 말투에서 드러납니다. 심각한 상황 속에서 평정심과 냉철함을 유지하기란 쉬운 일이 아닙니다. 특히, 직장 생활에서 매일 마주하는 상사와 동료조차도 때로는 협력자이지만 경쟁자가 되기도 하고, 같은 편이었다가 다른 편이 되기도 합니다. 다양한 상황에서 나 스스로를 바로잡고 현명함을 잃지 않도록 노력해야 합니다.

나아가 타인을 통해 나 스스로를 깨우쳐야 합니다. 항상 내 앞의 상사와 동료가 나의 스승이고 그들을 통해 성장하고 성찰하는 마음 자세를 잃지 않는다면 늘 공자와 함께 있다고 할 수 있습니다.

무례함으로부터 나를 지키는 법

혹 왈 이 덕 보 원 하 여
或曰 以德報怨何如
자 왈 하 이 보 덕 이 직 보 원 이 덕 보 덕
子曰 何以報德 以直報怨 以德報德

헌문 36

혹자(누군가)가 "덕으로 상대의 원망을 갚는다면 어떻습니까? 하고 묻자
공자께서 말씀하시길, "어찌 상대의 원망을 덕으로 갚을 수 있는가?
상대의 원망은 나의 곧음으로 갚고, 상대의 덕은 덕으로 갚아야 한다."

일반적으로 우리가 가지고 있는 편견 중 하나는 '공자왈~' 하
면, 무조건 남을 위해 양보하고, 먼저 선을 베풀고, 착하게 살고,
누구에게나 덕을 베푸는 등 요즘 교과서에도 다루지 않는 천상계
의 인간 모습을 강조할 것 같다는 것입니다. 하지만《논어》를 한
번이라도 접한 사람이라면 무릎을 치며 공자의 말에 고개를 끄덕
이며 빠져듭니다.

무엇이 그렇게 2,500년 전 공자의 말 속으로 우리를 끌어당기
는 것일까요? 공자는 스스로도 너무나 인간적이고 소탈한 사람이

었습니다. 우리 인간이 불완전한 존재임을 인정하면서 그 안에서 끊임없이 성찰할 수 있는 말을 많이 전했습니다. 특히, '헌문 36' 편에서도 공자의 인간다움과 우리가 겪는 내적 갈등에 대한 공감을 엿볼 수 있습니다.

누군가가 공자에게 물었습니다. "덕으로 상대의 원망을 갚는다면 어떻습니까?" 상대가 나에게 원망을 주었더라도 나는 바른 인간의 모습으로 상대를 덕으로 대해야 하는지에 대한 물음이었습니다. 《논어》를 읽으면서 개인적으로 공자가 오늘날 살아 있었다면 물어보고 싶은 질문 중 하나입니다.

성숙한 인간의 모습에서는 '더 큰 복수는 용서다' 또는 '잘못을 한 상대에게 똑같이 하는 대신 오히려 상대에게 잘해주어 그가 느낄 수 있게 해라' 등의 조언이 좋은 말임은 틀림없지만, 현실에서는 공감 또는 실행하기란 쉽지 않습니다. 어떻게 나에게 원망을 준 사람을 대해야 하는지, 스스로 참고 견디고 시간이 흐르기만 기다려야 하는지 등 쉽지 않습니다.

지극히 인간으로 할 수 있는 고민을 누군가는 공자에게 물었습니다. 공자가 답하길 "어찌 상대의 원망을 덕으로 갚을 수 있겠느냐?" 상대가 원망을 주었는데 어찌 아무렇지 않을 수 있는지 공자의 공감 능력에 대해 알 수 있는 대목이라 할 수 있습니다. 그러면서 공자는 누군가가 알고 싶어 하는 방법론인 "상대의 원망은 곧음으로 대하고 덕은 덕으로 대해야 한다"고 답변해 줍니다.

그렇다면 현실의 삶에서 겪는 원망과 덕은 어떻게 대해야 할까요? 직장 생활에서 인간관계는 업무 연관성에 따라 매일 마주하는 동료도 가끔 마주하는 동료도 있습니다. 반면에 회사를 수년 동안 다녀도 한 번도 마주칠 일이 없는 동료도 있습니다. 회사라는 공동의 울타리에서 가족보다 더 많은 시간을 보내지만 동료와의 관계는 늘 낯설고 어색합니다. 그래서 직장 생활이 그만큼 팍팍하다는 말이 나오는 이유이기도 합니다.

가끔 만나는 친구들이 묻습니다. "요즘 회사 생활은 어때? 할 만해? 편해?" 이 말은 달리 풀어 곱씹어보면, 직장 생활이라는 것이 본래 불편하고 어렵고 눈치 보이는 것이 당연할 수밖에 없다는 말입니다. 그도 그럴 것이 배경과 생각이 다른 수십 명, 수백 명이 얽히고설켜서 각자의 결과물을 만들어내야 하기 때문입니다. 서로 관심과 배려가 충만하길 기대하는 것은 아니지만 최소한의 무례함은 없었으면 하는 바람이 있습니다.

직장 내 인간관계에서 가장 불편한 상황은 언제일까요? 아마도 조직 안의 암묵적인 질서(Unspoken rules, 말하지 않아도 우리가 서로 지키고 배려하는 모양의 총체)를 깨는 상황에 부딪칠 때일 것입니다. 이는 서운함, 기분 나쁨, 심지어 열 받음 등 다양하게 감정으로도 표출됩니다. 또 다른 하나는 주고받음(Give & Take, 협업의 기본 공식)이 잘 이루어지지 않을 때입니다. 직장은 절대 개인 혼자 성과를 낼 수 없습니다. 다양한 형태와 모양으로 타인, 즉 동료들과 협업을 통해 이루어집니다. 작게는 팀 단위 크게는 부서 및 사

업부 단위로 업무 협업이 이루어지면서 결과, 즉 성과가 나오게 됩니다. 그 안에서 개인 vs 개인의 끊임없는 업무 교환^{Back & Forth}과 절차를 거치게 됩니다. 크고 작은 주고받음 없이는 업무가 다음 단계로 넘어갈 수 없습니다.

그 과정에서 주고받음이 적시에 이뤄지지 않을 경우 일의 차질은 물론 인간관계의 골이 발생합니다. 암묵적 질서가 깨질 때 그리고 주고받음이 제대로 되지 않을 때 그 사이 우리의 감정을 힘들고 불편하게 하는 것은 동료가 보이는 무례함 때문일 것입니다. 그 무례함은 원망으로까지 남게 되고 급기야 회사를 출근하는 마음까지도 원망으로 가득 차게 합니다. 대부분 피하거나 그냥 넘어가거나 다음에는 절대 부딪치지 않는 선에서 업무 진행 범위를 정하기도 합니다.

한번은 회사에서 가장 큰 부서의 팀장으로부터 연락이 왔습니다. 부서원 중 대리가 타 부서 팀장과 업무 협의 중 무례함을 경험했다고 라인 매니저인 자신에게 공식적으로 컴플레인을 해달라는 요청을 받았다고 합니다. 라인 매니저는 어떻게 하면 타 부서 팀장이 기분 나쁘지 않고 우리 팀 대리도 불편한 마음을 풀 수 있는지 의견을 들으러 왔다고 했습니다.

대리가 느낀 무례함은 평소 하이어라키(hierarchy, 계층제)가 강한 타 부서 팀장이 업무 협의를 하러 온 대리에게 직간접적으로 "대리가 팀장인 나에게 바로 협의하러 온 거야? 최소 차부장급이 와서 협의를 해야지"라고 받아치면서 업무 협의에 소극적이었던 것입니다. 실제 직장 생활에서 누구나 겪을 수 있는 상황입니다. 특히, 직급 체계로 조직이 이루어진 만큼 하이어라키로 인한 상하 관계에서 자주 발생할 수 있습니다. 하지만 그 안에 무례함까지는 예측이 쉽지 않습니다.

나는 문의하러 온 팀장에게 이 케이스는 팀장이 직접 매니징해도 좋지만, 괜찮다면 내가 직접 개입하고 싶다고 제안했습니다. 대리와 타 부서 팀장에게 티타임(tea time, 업무 안건 외에 모든 미팅을 티타임으로 명명함)을 제안하고, 넓고 해가 많이 들어오는 미팅룸을 잡았습니다. 제가 두 사람에게 처음으로 꺼낸 말이 《논어》 '헌문 36'편이었습니다. 두 사람은 갑자기 웬 공자냐며 무척 당황한 표정이었습니다.

"팀장님! 대리님이 팀장님의 태도와 언행으로 마음이 불편하고 업무 진행도 못하고 있습니다. 다른 사람 같으면 아마 '언젠가 나도 똑같이 복수하리라' 하고 생각하거나 뒤에서 팀장님 뒷담화 하기 일쑤일 겁니다. 그런데 대리님은 라인 매니저에게 이를 공유하고 다른 사람도 겪지 않도록 곧음으로 그 불편을 해결하려고 하고 있습니다. 어떻게 생각하세요?"

다행히 타 부서 팀장도 매우 현명한 사람이라 상황을 바로 꿰뚫고 대리에게 사과하고 업무 진행에 적극 협조했습니다. 대리 덕분에 하이어라키가 강한 팀장은 다른 사람을 대할 때도 주의 집중하고 이전과는 다르게 직원들의 직급 상관없이 협업하는 데 적극적으로 변했습니다.

만일 대리의 곧음이 없었다면 가능했을까 생각해 봅니다. 직장 생활에서 무례함을 경험했다면 뒤돌아 한숨 몰아쉬고 천천히 그리고 단호하게 곧음을 말할 수 있어야 합니다. 건강한 의견은 나를 지키고 동료를 지키고 더 나아가 건강한 조직 문화를 만듭니다.

칭찬은 고래만 춤추게 하지 않는다

자왈 오지어인야 수훼수예 여유소예자
子曰 吾之於人也 誰毁誰譽 如有所譽者
기유소시의 사민야 삼대지소이직도이행야
其有所試矣 斯民也 三代之所以直道而行也

위령공 24

공자께서 말씀하시길, "내가 사람을 대함에 있어 누구를 헐뜯고
누구를 칭찬하겠느냐? 만약 내가 칭찬하는 사람이 있다면
그 사람은 내가 시험한 경험이 있는 사람일 것이다.
지금 이 백성들은 삼대(하, 은, 주)를 이어 정직한 도를 실천한 백성들이다."

직장에서 우리는 다양한 사람을 경험합니다. 같은 팀이라도
업무 협업 또는 소통이 없으면 서로 알기 힘듭니다. 특히 재택근
무와 하이브리드 근무가 일상인 현대 사회의 조직에서는 팀이라
는 개념조차도 사라지고 있습니다. 대면할 수 있는 물리적인 접점
이 줄어들고, 이메일과 메신저를 통한 가상 커뮤니케이션이 늘어
나면서 회사 생활에서 타인에 대한 편견과 오해가 생기더라도 이
를 해소하거나 이해할 수 있는 기회나 장치들은 점점 줄어들고 있
습니다.

동료들 간의 물리적 접점이 줄어들면 사내에서 시기, 질투, 특정 사람에 대한 뒷담화 또는 루머 등이 줄어들어야 하는데, 이런 Bad 커뮤니케이션이 이제는 사내 메신저 또는 SNS 메신저를 통해 활자로 남겨지고 더 빠르게 전파되고 있습니다. 요즘엔 없는 근거도 만들어 한 사람의 삶을 파괴하기도 합니다.

공자는 사람을 대함에 있어 함부로 칭찬과 헐뜯음을 해서는 안 된다고 말했습니다. 칭찬조차도 직접 겪은 사람에 대해서만 한다고 기록에 담겨 있습니다.

우리 직장 조직에서는 어떨까요? 앞담화(피드백)보다 뒷담화를 그리고 칭찬조차도 타인이 먼저 했을 때만 어쩔 수 없이 동조한 적은 없는지 생각해 볼 문제입니다.

팀장으로서 팀원에게 피드백을 줄 때도 잘한 일에 대한 구체적인 피드백보다 실수 또는 개선해야 할 피드백에 시간을 더 할애합니다.

물론 무조건 칭찬 또는 잘된 부분만을 강조해서 피드백을 주어서도 안 됩니다. 하지만 많은 팀장들은 본인이 경험한 팀원들조차 칭찬하는 데 어려워하거나 인색합니다. 업무에 대한 칭찬이면 제일 좋겠지만 어렵다면 작은 것부터 시도해 볼 수 있습니다.

나는 가끔 팀원들에게 "오늘 출근해 주어 고맙고 칭찬합니다"라고 말하기도 합니다. 너무 당연한 출근을 당연하지 않은 것처럼 바라보고 건네는 이런 멘트는 하루를 웃음으로 시작할 수 있게 합니다. 칭찬은 고래만 춤추게 하지 않으니까요.

가장 가까운 동료부터 그리고 상사는 팀원에게 반대로 팀원은 상사에게 서로를 먼저 칭찬하고 관심을 주는 일을 해보면 어떨까요? 매일이 지옥일 수 있는 직장 생활이 천국은 아닐지라도 충분히 하루를 치열하게 살아낸 동지로서 최소한 시기, 질투 또는 헐뜯음은 없어야 하지 않을까요? 공자의 말을 새기고 또 새겨 봅니다.

직장에서 나는 군자인가, 소인인가

자 왈 군 자 화 이 부 동 소 인 동 이 불 화
子曰 君子 和而不同 小人 同而不和*

자로 23

공자께서 말씀하시길, "군자는 조화를 이루지만 같아지지는 않고,
소인은 동화되지만 조화를 이루지 못한다."

《논어》에서 107번이나 나오는 단어가 '군자君子'라고 합니다.
군자는 공자가 《논어》에서 말하는 가장 이상적인 인간형입니다.
공자도 평생 성인(聖人, 가장 완벽한 인간형)을 만나긴 어렵지만, 군
자는 만날 수 있다고 했습니다.

군자와 대조되는 인간형은 '소인小人'입니다. 우리가 보통 일상
에서 '소인배'라고 말하는 그 소인배는 《논어》에서 말하는 소인과
같은 의미이고, 반대되는 말은 군자입니다. '~배'는 부정적인 집단

---

* 동이불화(同而不和): 군자는 사람들과 화합하지만 부화뇌동(附和雷同)하지 않고
  소인은 부화뇌동하지만 사람들과 화합하지는 못한다.

또는 사람에게 붙이는 표현입니다.

군자는 늘 중용과 충(忠, 충성, 정성을 다하다)을 지키기 위해 특정 사람의 생각과 말에 함부로 동요하지 않고, 자신의 생각에만 동조하는 사람만을 모아서 집단을 만들고 목소리를 키우지 않는 반면, 소인은 반대로 괜찮아 보이거나 만만해 보이는 사람에게 주저 없이 다가가고, 자신의 생각에 조금이라도 동조하는 사람들만 모아서 집단을 만들어 몰려다닙니다. 그래서 군자는 집단 또는 무리로 다니지 않는 반면 소인은 집단 또는 무리를 지어 다닙니다. 그래서 무리를 뜻하는 '~배'가 붙어 '소인배'가 되었다고 합니다.

다양한 사람이 모여 있는 직장에서는 어떨까요? 직장에는 군자인 동료도 있지만 소인 또는 소인배인 동료도 있습니다. 공자는 군자 vs 소인을 다양한 비유로 제자들에게 전했습니다.

- 군자는 자신을 탓하고, 소인은 남을 탓한다.
- 군자는 의리에 밝고, 소인은 이익에 밝다.
- 군자는 평온하고 너그럽지만, 소인은 늘 근심에 싸여 있다.
- 군자는 덕을 생각하지만, 소인은 편히 머물 곳을 생각한다.
- 군자는 법을 생각하지만, 소인은 혜택받을 것을 생각한다.
- 군자는 느긋하되 교만하지 않고, 소인은 교만하되 느긋하지 않다.
- 군자로서 어질지 못한 사람은 있지만, 소인으로서 어진 사람은 없다.

- 군자는 시간이 지날수록 수준이 높아지지만, 소인은 수준이 갈수록 떨어진다.
- 군자는 법의 형벌을 명심하지만, 소인은 잘못하고 용서받을 것을 생각한다.

그 옛날 수천 년 전에도 삼삼오오 사람들이 모여 크고 작은 무리가 생기면 그 안에 군자도 있고 소인도 있었습니다. 공자는 그 모습을 보면서 '군자는 되지 못할망정 소인은 되지 말라'는 말을 후세에 전하고 싶으신 건 아닌지 생각해 봅니다.

하루의 대부분을 보내는 직장에서 우리는 스스로가 군자가 되기도 하고 소인이 되기도 합니다. 25년 넘게 인사 업무를 하면서 인사부가 주로 하는 일의 핵심은 구성원이 스스로 일, 회사, 사람에게 몰입하는 데 모든 서비스를 지원하는 일입니다. 그런 과정에서 다양한 배경, 생각을 가진 구성원들과 마주하고 미팅을 합니다. 인사부에 찾아와 미팅을 희망하는 경우는 상당 부분 급여/복리후생 불만, 승진/인사 발령 불만, 회사/상사에 대한 불만 등 많습니다. 모든 것이 만족스럽고 문제가 없다면 특별히 찾아올 일이 없다는 뜻이기도 합니다. 인사 업무를 하면서 농담 반 진담 반으로 하는 말이 있습니다.

"산업군을 망라하고 인사 업무 20년 이상 하면 인간 빅데이터가 쌓인다."

이 말은 편견이 아닌 말 그대로 통계를 뜻합니다. 비슷한 행동 및 태도를 보이는 직원 유형이 있다는 말입니다. 요즘은 MBTI 등으로 성향을 나누고 그에 따른 인간의 행동과 사고를 예측한다고 하지만, 과학적인 분석 없이도 이미 2,500년 전 공자는 "군자가 될 것이냐, 소인이 될 것이냐"라고 말했습니다.

조직 내 문제를 해결하는 방식에서 소인은 전형적으로 핑계와 변명 그리고 모든 원인을 남에게서 찾습니다. 장황하고 반복적인 이메일, 불필요한 미팅 소집 등을 통해 소인 같은 행동을 하기도 합니다. 군자 같은 상사가 있다면 다행이지만 그렇지 않은 경우는 다수가 소인 같은 행동에 놀아나기도 합니다. 그 소인이 조직 내 리더인 경우엔 더 심각하다고 할 수 있습니다.

회사를 다니는 목적도 소인은 본인의 안위와 혜택에만 집중합니다. 주변 동료, 팀 그리고 같이 수고하는 외부 관계자들에게는 관심이 없습니다. 팀의 성과도 본인 개인의 성과로 해석하고 본인이 더 받아야 한다고 목소리를 높입니다. 늘 회사와 자신을 분리합니다. 회사만 좋은 일을 왜 해야 하냐고 따져 물어보기도 합니다.

일을 하는 자세도 소인들은 군자와는 다릅니다. 드러나는 일 외에는 미루거나 서둘러 하지 않습니다. 이는 요즘 일컫는 말로 조용한 퇴사(Quiet quitting, 직장을 그만두지 않지만 정해진 시간과 업무 범위에서만 일하고 초과 근무를 거부하는 노동 방식의 신조어)가 아닙니다. 오히려 조용한 퇴사는 자기가 할 일은 프로페셔널하게 해내는 겁니다.

어려운 과제에 맞닥뜨릴 때도 군자와 소인의 자세는 엄연히 차이가 납니다. 군자는 차근차근 상황을 살피고 생각과 판단을 거쳐 과제에 접근합니다. 하지만 소인은 불안과 걱정으로 시도조차 하지 않습니다.

직장이라는 테두리에서 보면 군자는 조직 내 가장 유능한 인재상이라고 할 수 있습니다. 가장 유능한 인재가 되려면 시간과 노력, 부단함이 필요하겠지만, 최소한 조직 내 소인은 되지 말아야 하지 않을까요? 우리 모두 군자가 되기는 힘들어도 소인이 되지 않을 수는 있습니다. 충분히 우리는 그럴 만한 사람입니다.

인재를 알아보는 방법

子曰 視其所以 觀其所由 察其所安
人焉廋哉 人焉廋哉

위정 10

공자께서 말씀하시길, "그가 하는 행동을 보고,
그의 내면의 본심을 보며, 그가 편안히 여기는 것을 보면
사람이 어떻게 숨겨지겠느냐? 어떻게 숨겨지겠느냐?"

《논어》의 중심 소재는 늘 '사람'입니다. 지혜로운 사람, 이기적인 사람, 도덕적인 사람, 부정한 사람, 현명한 사람, 잘난 척하는 사람 등 다양한 인간상을 통해 우리가 어떻게 살아가야 하는지를 스스로 돌아볼 수 있게 합니다. 《논어》는 우리의 거울과 같다고 할 수 있습니다. 거울을 자주 보는 사람도 있고, 하루에 거울을 한 번도 보지 않는 사람도 있습니다. 공자는 후세에게 자신을 들여다볼 수 있는 《논어》라는 거울을 유산처럼 남겨 주셨습니다.

인사 업무를 하면서 아무리 강조해도 지나치지 않은 한 가지

가 있습니다. 바로 '인사가 만사다 人事萬事'입니다. 좋은 인재를 선발하여 적재적소에 잘 써야 모든 일이 잘 풀린다는 말입니다. 누구나 아는 말이지만 이를 실천하는 과정은 쉽지 않습니다. 기본적으로 좋은 인재를 알아보는 눈이 있어야 합니다. 이후에 그 인재를 자신의 역량을 잘 발휘할 수 있는 위치에 배치하여 일하게 해야 합니다. 그것이 일을 잘 풀리게 하는 순서입니다. 좋은 인재를 바라보는 눈이 없거나, 좋은 인재를 엉뚱한 곳에 배치하면 인사와 만사에 모두 문제가 생깁니다.

그렇다면 어떻게 인재를 알아볼 수 있을까요? 공자가 현재를 사는 회사의 CEO라면 어떻게 인재를 알아보았을까요? 공자는 다음 세 가지를 강조했습니다.

> 소이(所以, Do) 그 사람이 하는 것을 보라.
> 소유(所由, Motivation) 그 사람의 동기를 보라.
> 소안(所安, Wisdom) 그 사람의 지혜를 보라.

인재라면 일하는 과정에서 무엇을 하고 무엇을 해서는 안 되는지를 알고 행동합니다. 일의 동기가 명확하기 때문에 일을 완성할 때까지 흔들림이 없습니다. 일의 결과를 보면 그 사람의 지혜를 엿볼 수 있습니다. 흔히, 우리 조직에서도 이런 인재를 알아보는 것은 어렵지 않습니다. 누가 봐도 보이기 때문입니다. 공자의 말처럼 이런 인재가 어떻게 숨겨지겠습니까? 인사철이면 서로 캐

스팅하고 싶어 하는 인재들이 특정인으로 몰리는 것도 모두 이런 배경 때문입니다. 채용 시에도 마찬가지입니다. 우리 회사에서 마음에 드는 인재는 다른 회사에서도 눈독을 들이게 됩니다.

이 밖에도 《논어》에는 인재 채용과 배치에 대한 공자의 말이 담겨 있습니다.

- 능력 있는 사람을 뽑으면 그 사람이 또 다른 능력 있는 사람을 부른다. _자로 2
- 능력 있는 사람을 뽑아서 능력 없는 사람을 가르치게 하라. _위정 20
- 정직한 사람을 뽑아 부정한 사람 위에 두면 부정한 사람이 정직하게 된다. _안연 22
- 능력 있는 인재라도 교만하고 인색하다면(배려심이 없다면) 인재로 뽑지 마라. _태백 11

2,500여 년 전 인사 채용 배치의 철학과 오늘날 조직의 인사 채용 배치의 철학이 다름이 없습니다. 하지만 그때나 지금이나 가장 힘든 점은 바로 실천하는 것입니다.

평판이 안 좋음에도 불구하고 학연 지연으로 또는 나와 친하다는 이유로 채용한 적은 없는지, 당장의 일을 해결하기 위해 장기적인 안목 없이 일할 사람을 채용한 적은 없는지, 성과에만 집착하여 교만하고 인색한 사람을 채용하고 후회한 적은 없는지 공자의 '인사만사'를 잊지 말아야 합니다.

직장에서 레벨 업 하는 법

자 공 문 위 인
子貢問爲仁

자 왈 공 욕 선 기 사 필 선 리 기 기
子曰 工欲善其事 必先利其器

거 시 방 야 사 기 대 부 지 현 자 우 기 사 지 인 자
居是邦也 事其大夫之賢子 友其士之仁者

위령공 9

자공이 공자께 어떻게 인을 실천하냐고 묻자 공자께서 말씀하시길
"기술자가 일을 잘하려면 먼저 연장을 잘 다듬어야 하고,
마찬가지로 어떤 나라에 살려면 그 나라의 대부들 가운데 현명한 이를 따르고,
그 나라의 선비들 가운데 어진이를 벗을 삼아야 한다."

자공이 공자에게 '인(仁)'의 실천 방법에 대해 물었습니다. 인은 《논어》에서 끊임없이 강조되는 말입니다. 《논어》에 자주 나오는 이유는 공자 학문의 중심에는 인간이 있고, 학문의 목표는 인간에 대한 끊임없는 성찰과 발전이기 때문입니다. 한 가지로 정의하기도 쉽지 않고 설명하기도 어렵습니다.

하지만 《논어》에서 인은 주로 인격, 도덕, 인간성, 사랑 등으로 설명되고 있습니다. 인을 통한 공자의 교훈은 인간관계, 지혜, 도

197

덕, 리더십 등에 대한 통찰과 가르침을 담고 있습니다. 그래서 인이 《논어》에서 다양하게 등장하는 것입니다.

하나로 정의하기도 힘든 인을 어떤 방법으로 실천하느냐는 더 어려운 문제입니다. 이에 대해 공자는 자공에게 숙련된 기술자를 비유하며 설명했습니다. 기술자가 일을 잘하려면 먼저 연장을 잘 살펴봐야 합니다. 너무도 당연한 말 같지만 어느 단계에 오른 기술자라면 자신을 과신하여 연장을 살피는 일에 소홀하기 쉽습니다. 연장을 살핀다는 것 자체가 일을 갈고닦는 과정이며 개인에게는 성찰의 과정입니다. 연장에 무엇이 부족하고 넘치는지 그리고 어떻게 연장을 쓸 것인지 등 모든 것이 스스로에게 질문하는 것입니다. 이것이 인을 실천하는 행위입니다.

삶에서 가장 많은 시간을 보내는 직장에서는 어떨까요? 맡은 업무에 마스터 레벨이 있고 더 이상 배우지 않아도 되는 일이 있을까요? 연장을 다루는 기술자만이 연장이 있지 않습니다. 많은 직장인들이 각자의 영역에서 기술자이고 자기만의 연장이 있습니다. 직장에서 인을 실천한다는 것은 우리가 맡은 업무를 완수하고 책임을 다하는 것 이상으로 자신의 일을 끊임없이 갈고닦는 것입니다. 이것은 역량을 개발하는 것이 될 수도 있고, 신기술을 익히는 것도 될 수 있고, 다양한 방법으로 문제 해결을 해 나가는 것 등을 의미합니다. 정해진 일과 방법에 얽매이지 않고 호기심과 비판적 사고로 내 일을 늘 감시하고 검토하는 자세를 말합니다. 기술자가 일을 잘하기 위해 먼저 연장을 다듬는 것과 같은 맥락입니다.

또 다른 실천법으로 공자는 현명하고 어진 사람을 벗으로 삼으라고 했습니다. 공자가 말한 현명하고 어진 사람들은 이미 인을 알고 인을 실천하고 있는 사람들입니다. 그렇기 때문에 그들 가까이에서 보고 배우는 것이야말로 인을 제대로 익힐 수 있는 최고의 방법입니다.

직장에서도 매우 흔하게 볼 수 있습니다. 인간적이고 현명하면서 일도 잘하는 팀장이 이끄는 팀원들은 대부분 표정이 온화하고 일도 잘하고 주변 사람들도 잘 챙깁니다. 반면, 타 부서 사람을 무시하기 일쑤이고 고집과 권력으로 일을 처리하는 팀장의 팀원들은 그대로 팀장이 하는 방식대로 일을 처리합니다. 그래서 팀원을 보면 대략 팀장의 업무 스타일 또는 성품을 읽을 수 있습니다. 현명하고 어진 팀장이라면 절대 사람을 무시하고 자기 고집대로 일하는 사람을 내버려두지 않습니다.

반면에 그렇지 못한 팀장은 팀원이 어떻게 일을 하든 무슨 문제를 일으키든 관심조차 없습니다. 조직 내 인력 배치에는 어떤 인의 전략이 있을까요? 전략적으로 우수 인재를 성과가 저조한 팀에 리더로 배치하기도 하고, 저성과자를 의도적으로 우수한 팀에 팀원으로 배치하기도 합니다. 처음에는 모두 의아해하거나 반대하기도 합니다. 하지만 결과는 항상 긍정적입니다. 바로 공자의 인의 실천 공식을 차용했기 때문입니다.

인사 담당자인 저도 끊임없이 인의 실천에 대해 고민합니다.

인사人事 업무는 말 그대로 조직 내 사람에 대한 일을 하는 것입니다. 늘 사람이 일의 중심이고 사람이 곧 일입니다.

> 번지가 공자에게 '인'과 '지'에 대해 물었습니다.
> 인仁은 사람을 사랑하는 것이고, 지智는 사람을 알아보는 것이다.
> _안연 22

인사 업무 관점에서 인을 가장 잘 설명한 공자의 말이 아닐까 싶습니다. 조직 내 구성원을 사랑하고 구성원을 잘 알아볼 수 있는 지혜를 가진다면 인사 업무를 누구보다 잘할 수 있을 것입니다. 동시에 인을 실천하는 것 또한 사람을 사랑하는 것입니다. 애정과 배려 그리고 관심이 사람을 사랑하는 실천 행동입니다.

중국 서진시대의 학자인 부현의 글에 '근주자적 근묵자흑近朱者赤 近墨者黑'이라는 말이 있습니다. "먹을 가까이하는 사람은 검어지고, 붉은색을 가까이하는 사람은 그 자신도 붉어진다"라는 말입니다. 주변의 환경 특히, 사람이라는 환경이 주는 영향력을 설명하고 있습니다. 대부분 직장에서 주변 환경을 꼽으라면 사무 환경을 우선으로 떠올립니다. 물론 정돈되고 깔끔한 사무 환경이 주는 업무 집중도는 많은 연구에서도 밝혀진 바 있습니다. 하지만 직장 생활에서는 물리적인 사무 환경보다 사람이라는 인적 환경이 더 중요합니다.

좋은 환경에서 근무한다는 말이 좋은 사람과 같이 일한다는 의미가 되어야 합니다. 직장의 삶에서 인을 실천한다는 것은 결국, 내가 먼저 현명하고 어진 사람이 되도록 노력하며 그런 나와 같은 뜻을 하는 사람들과 건강하게 함께 일하는 것입니다.

PART 5

사람을 생각하는
리더십

모두를 이끄는 사람이 리더가 아니다

자 왈 가 여 언 이 불 여 지 언 실 인
子曰 可與言而不與之言 失人
불 가 여 언 이 여 지 언 실 언
不可與言而與之言 失言
지 자 불 실 인 역 불 실 언
知者不失人 亦不失言

위령공 7

공자께서 말씀하시길,
"더불어 말할 만한 사람인데 말하지 않는다면 그 사람을 잃는 것이고,
더불어 말할 사람이 아닌데 말하면 그 말만 잃게 된다.
지혜로운 사람은 사람을 잃지 않으며 또한 말도 잃지 않는다."

공자는 지혜로운 사람은 사람도 말도 잃지 않는다고 말하면서
'더불어 말할 만한 사람'과 그렇지 않은 '더불어 말할 만하지 않은
사람'으로 구별했습니다.

우리는 주변에서 쉽게 대화할 만한 사람과 그렇지 않은 사람
을 구별합니다. 흔히 말하는 케미Chemistry가 맞는 사람이라면 대화
가 즐겁고 시간도 아깝지 않습니다. 하지만 그렇지 않은 사람이라
면 관계가 더 악화되거나 오히려 말을 안 한 것만 못할 때가 더 많

습니다. 일상생활에서는 나와 케미가 맞는 사람들을 선별해서 지낼 수 있지만, 직장 생활에서는 케미에 맞는 사람하고만 일할 수는 없습니다.

- 더불어 말할 만한 사람

  직장 생활에서의 대화는 친구와 가족 간의 대화와는 확연히 다르다. 각자의 이익과 목적이 있으며 그 과정에서 수많은 토론과 논쟁이 발생한다. 개인의 목표와 조직의 목표가 상충하기도 하고, 공동의 목표를 가졌어도 방법론에 대한 논의도 끊임없이 요구된다. 그 과정에서 사람에 대한 평가도 자연스럽게 이루어진다. 상대의 의견에 귀 기울이고 진심으로 경청하는 자세. 자신의 의견뿐만 아니라 상대방의 의견도 존중하는 자세. 본인의 잘못도 인정하고 상대의 잘함도 인정하는 자세. 이런 자세의 사람과 대화를 하면 기분이 좋아질 뿐만 아니라 상호 간에 건강한 관계가 지속된다. 당연히 일의 결과도 좋을 수밖에 없다. 이런 사람을 '더불어 말할 만한 사람'이라고 한다. 이런 사람과의 대화는 늘 남는 것이 있다. 사람도 얻고 그 사람과 나눈 대화는 자양분이 된다.

- 더불어 말할 만하지 않은 사람

  조직 내에서는 각자의 입장과 이해가 얽히다 보면 뜻하지 않게 부딪치는 상황이 발생한다. 이런 상황은 그 사람이 더불어 말할 만한 사람인지 아닌지 알 수 있게 한다. 앞에서는 듣는 척하면서 뒤돌아서는 없던 일로 치부하거나 일을 진척시키지 않는다. 본인 말만 하고 상대의 말은 듣지 않는다. 이런 사람은 아무리 말을 해도 상대방을 이해하지 못하거나 받아들이지 않는다. 이런 사람과의 대화는 시간과 말만 아까울 뿐이다.

조직에서는 가장 좋은 성과를 낸 팀원에게 관심을 쏟기 마련입니다. 처음부터 고성과자로 역량을 발휘할 수도 있지만, 그렇지 않은 경우가 더 많습니다. 리더 입장에서 저성과자를 등한시하면, "우리 팀장은 왜 역량이 떨어지고 의욕도 없는 저 사람을 그냥 내버려두지?"라는 잡음이 들릴 정도로 게으른 관리자가 될 뿐만 아니라, 심한 경우는 고성과자가 저성과자의 일을 대신하기도 하면서 기존의 뛰어난 인재들도 잃게 됩니다.

리더에게 주어진 시간은 성과를 내는 팀원에게 집중하고 투자하여 성과를 극대화하는 것입니다. 이것이 효율성과 생산성의 바탕입니다. 그렇다고 팀 내 저성과자를 모두 해고할 수는 없습니다.

저성과자는 크게 세 가지 유형이 있습니다. 첫째, 역량이 부족한 경우, 둘째, 동기가 부족한 경우, 마지막 셋째, 대인 관계 능력이 부족한 경우입니다. 물론 모두가 부족한 경우도 있습니다. 저성과자지만 부족한 역량을 개발하여 다시 일의 의욕을 끌어올린다면 충분히 고성과자로 거듭날 수 있습니다. 그러기 위해서 리더는 저성과자가 '더불어 말할 만한 사람'인지 파악해야 합니다.

이를 전문 용어로 '코칭 Coaching'이라고 합니다. 저성과자가 '더 붙어 말할 만한 사람'이라면 적극적인 코칭, 피드백 그리고 기회를 제공해야 합니다. 특정 기간에 목표를 중심으로 부족한 역량을 끌어올리는 반전을 꾀어야 합니다. 그렇지 않으면 사람도 잃고 말도 잃게 됩니다.

리더는 모두를 이끄는 사람이 아닙니다. 과감하게 결단력을 가지고 사람 관리를 해야 합니다. 지혜로운 리더는 결코 사람도 말도 잃지 않기 때문입니다.

늘 사람이 먼저다

마구간에 불이 났는데 공자께서 퇴근하시면서 말씀하시길,
"사람은 다치지 않았느냐?"하고 물으시고 말에 대해서는 묻지 않으셨다.

코로나가 가져온 삶의 변화는 지난 수십 년간 겪은 변화보다
강력했습니다. 특히 학교, 직장 등과 같이 사회생활에 미친 영향
은 우리의 생각과 생활 방식을 바꾸어 놓았습니다. 매일의 변화
에 우리 모두는 불안과 걱정을 안고 살았습니다. 아침마다 뉴스에
서 보도하는 확진자와 사망자 소식을 들으면서 각자의 자리에서
최선을 다하며 오늘을 살아내고 내일을 살기 위해 버텨내야 했습
니다.

코로나 시기 우리 일상에서 가장 소중한 건 무엇이었을까요?
바로 '사람(생명)'이었습니다. 돌아보면 어느 시기보다도 우리 모
두가 한마음으로 사람이 가장 소중한 존재라는 것을 몸소 깨달은

시간이었습니다.

공자가 마구간 화재 소식을 듣고 비싼 말들의 상태 또는 마구간의 손실보다 사람을 가장 먼저 살폈다고 합니다. 우리는 예상하지 못한 일이 발생하면 손실을 먼저 생각하고 따지게 됩니다.

오늘날의 조직에서는 어떨까요? 조직과 비즈니스의 손익을 구성하는 요소들은 많습니다. 직장 조직은 특히 이익 집단이기 때문에 비즈니스 손실에 민감할 수밖에 없습니다. 조직과 비즈니스의 손익을 구성하는 자원Resources은 크게 인적 자원, 물적 자원, 재정 자원, 지식 자원, 사회적 자원, 시간 자원 여섯 가지로 구분할 수 있습니다. 조직 내 가장 핵심 자원이며 조직 성과 달성의 중추적인 역할을 하는 자원은 '인적 자원'입니다. 그다음으로 '물적 자원(장비, 건물, 기술 시스템과 같은 물리적 자산)'과 '재정 자원(자본, 예산 및 금융적 자산)'이 있습니다. 이는 조직의 운영과 성장을 지원하고 생산성을 높임으로써 실질적으로 조직의 이익을 산출할 수 있는 요소로 작용합니다.

인공 지능이 이미 조직 내 일터를 변화시키고 있는 지금, 더욱 중요해지는 자원들이 있습니다. 지식 자원, 사회적 자원 그리고 시간 자원입니다. '지식 자원'은 조직 내 축적된 지식과 경험으로서 조직의 혁신과 창의성을 이끌어 미래 경쟁력에 매우 중요한 역할을 합니다. 지식 자원은 또다시 인적 자원과 연관 지어 생각하지 않을 수 없습니다. 그 지식을 연마하고 발전시키는 주체는 조직이 아닌 사람이기 때문입니다.

　그다음으로 '사회적 자원'이 있습니다. 코로나 이후, 대부분의 조직에서 내/외부 사회적 관계 및 네트워크를 통한 협업Collaboration 을 강조하고 있습니다. 뉴 노멀New normal 및 저성장, 고금리 시대에 는 불확실성이 증가합니다. 동시에 과거 전통적인 비즈니스 영역 을 붕괴시키거나 새로운 산업 간 융합Convergence을 요구하고 있습 니다. 이를 통한 새로운 사업 창출 및 성장을 꾀하지 않으면 경쟁 력을 잃기 쉽고, 이는 구조 조정 또는 사업 폐지까지도 고려해야 하는 상황을 초래할 수밖에 없습니다. 사회적 자원도 마찬가지로 인적 자원을 토대로 발전을 꾀할 수 있습니다.

　마지막으로, '시간 자원'이 있습니다. 한정된 자원으로서 시간 이 갖고 있는 의미는 매우 중요합니다. 조직의 효율성과 생산성 등을 다룰 때도 시간은 중요한 요소입니다. 조직 내 유용 가능한 시간을 파악하고, 불필요한 시간 낭비를 야기하는 요소들을 파악 해야 합니다. 시간 자원 또한 인적 자원과 밀접한 관계가 있습니 다. 예를 들어 업무에 있어 중요도는 낮지만 조직 운영에는 필수 적인 일이 있습니다. 이 경우에는 아웃소싱을 하거나 전담 팀을 구성하여 운영할 수 있습니다. 이는 시간 자원의 생산성을 고려한 것입니다. 반면, 중요도도 높고 동시에 성과에도 큰 영향을 끼치 는 일이 있습니다. 이 경우에는 중간 관리자 그룹에서 전담 인력 으로 운영할 수 있습니다. 이는 시간 자원의 효율성을 고려한 것 입니다.

이렇게 조직을 둘러싼 중요한 자원들을 우리는 지키고 유지하기 위해 엄청난 노력을 하고 있습니다. 이 여섯 가지 자원 중에 가장 중요하고 중심이 되는 것은 인적 자원, 즉 사람입니다. 하지만 우리가 간과하는 이유는 무엇일까요? 그 어떤 자원보다 눈에 보이는 가시성이 높아 그 중요성을 간과하기 때문입니다.

다시 공자의 입장으로 돌아가 보겠습니다. 마구간 화재라는 위기 상황이 닥쳤습니다. 마구간 화재가 의미하는 것은 단순히 가축을 기르는 장소의 의미가 아닙니다. 그 시대 마구간은 교통수단을 대처하는 중요한 물리적 자원이었습니다. 현대 사회에서도 교통수단 또는 인터넷 네트워크 문제가 발생하면 모든 것이 마비되는 것처럼, 공자 시대 마구간 화재도 수많은 조직의 위기 중 하나였을 겁니다. 그런 위기 상황에서 공자는 늘 사람이 먼저라는 것을 몸소 보여주었습니다.

인사 업무를 하면서 수많은 리더와 CEO를 지원하는 일을 하고 있습니다. 조직이 다양한 위기 상황에 직면했을 때 어떻게 대처하는지를 보면 리더와 CEO가 무엇을 중요시 생각하는지 알 수 있습니다. 핑계와 이유를 찾으려는 유형, 책임을 위임하려는 유형, 이익만 계산하려는 유형이 있습니다.

인사 담당자로 CEO를 보좌하면서 가장 중점으로 두는 역할은 회사의 손실과 불이익에 앞서 설령 문제를 일으킨 구성원일지라도 그 직원의 마음과 상황을 먼저 살피고 이후에 상황을 해결하고 조율하는 것입니다. 조직의 최고 관리자는 매 순간 손익에서 절대 자유로울 수 없습니다. 그렇기 때문에 주변 리더들은 더욱 사람을 먼저 생각해야 합니다.

기업의 위기 상황은 모든 구성원 그리고 관계사 및 고객이 지켜봅니다. 위기 상황에서 실제 그 기업의 수준과 리더의 리더십이 발휘됩니다. 마구간의 화재가 우리 조직의 화재라고 했을 때 고객 또는 관계사의 손실에 먼저 사과하고 머리를 숙이는 리더보다 구성원의 안전과 구성원 가족들을 위해 먼저 머리 숙일 수 있는 리더가 되어야 합니다. 고객을 잃을까 봐 손실을 축소하거나 감추려는 행위 등이 통용되는 시대가 아닙니다.

어떤 상황에서도 가장 중요한 가치가 무엇인지 잊지 않는 공자처럼 "사람은 다치지 않았느냐?"라고 말할 수 있어야 합니다.

팀장이라면 통찰력을 갖춰라

자 왈 중 오 지 필 찰 언 중 호 지 필 찰 언
子曰 衆惡之 必察焉 衆好之 必察焉

위령공 27

공자께서 말씀하시길,
"모든 사람이 미워해도 반드시 직접 살펴보고,
모든 사람이 좋아해도 반드시 직접 살펴봐라."

직장 생활을 하다 보면 한 번쯤 팀장 역할의 기회를 마주합니다. 특히, 요즘은 과거보다 조직이 수평적이고, 업무가 세분화되면서 이전보다 팀장의 숫자는 늘어났습니다.

처음 팀장으로 승진했을 때를 떠올리면 기대 반 걱정 반 그리고 잘해내고 싶은 의욕이 가득했던 모습이 생각납니다. 팀 구성원일 때는 맡은 업무를 마감 기한에 잘 완수하고 거기에 새로운 아이디어와 센스로 일을 효율적으로 운영하면 좋은 평가를 받아 자연스레 승진과 보상이 연결되었습니다. 하지만 팀장이 되면 일의 성과는 팀 구성원을 통해 만들어지고 목표에 맞는 성과를 내기 위해 팀을 운영하는 일이 주요 업무가 됩니다.

팀을 운영한다는 것은 남을 평가하고 피드백 주는 것입니다. 팀 구성원이었을 때는 남을 평가하고 남에게 평가도 받지만, 팀장은 남을 평가하는 일이 더 많아집니다. 조직 내에 떠도는 사람에 대한 소문 또는 오해로 휘둘리지 않고 팀장 스스로 팀 구성원을 살펴볼 줄 알아야 합니다.

조직 내 구성원들 가운데는 남에게 아첨하기 좋아하고, 무리 지으며 말을 지어내기도 하고, 무조건 이 사람 저 사람 모두 좋다고만 하는 사람들이 있습니다. 또는 혼자만의 아집으로 무조건 부정적으로 남을 평가하는 사람도 있습니다. 그래서 팀장은 사람을 평가하고 운영하는 책임자로서 호오(好惡, 모든 사람이 좋아하거나 또는 미워하는 것)에 휘둘리지 말아야 합니다.

이때 바로 팀장의 통찰력이 요구됩니다. 통찰력洞察力이란, 사전적 의미로는 사물을 환히 꿰뚫어 보는 능력입니다. 통찰력을 가진 사람은 일반적으로 보이는 상황 또는 정보 수집에 대한 기본 이해를 넘어 깊은 내재적 이해를 가지고 있어 이를 통해 새로운 아이디어 또는 해결책을 도출합니다. 또한, 예상치 못한 원인과 결과도 파악하여 새로운 기회를 모색하기도 합니다. 정보와 아이디어가 넘쳐나는 시대에 개인의 통찰력은 가장 강력한 경쟁력이 아닐 수 없습니다.

예를 들어, 비즈니스 통찰력은 시장 동향을 예측하거나 주력 제품이나 서비스를 개선할 때 발휘됩니다. 사람을 보는 통찰력은 평소 상대방의 태도, 행동 그리고 표정, 언어 등을 관찰하고 분석하여 상대방의 감정과 의도 등을 파악할 때 발휘됩니다.

따라서 "모든 사람이 미워해도 반드시 직접 살펴보고, 모든 사람이 좋아해도 반드시 직접 살펴봐라"는 공자의 말이 팀장들에게 주는 의미가 매우 큽니다. 보고받는 것에 익숙한 팀장의 경우 직접 살피는 것을 간과하기 쉽습니다. 조직의 사이즈가 다양하고 복잡할수록 모든 것을 일일이 직접 관여하고 살필 수도 없습니다. 그렇다 보니 담당자에게 보고를 받거나 유관 팀을 통해 피드백을 받게 됩니다. 사안에 따라 보고받은 내용을 기반으로 팀장이 직접 관여하는 일도 있습니다. 그렇다고 일일이 모든 내용과 과정을 직접 살펴볼 수도 없습니다. 때문에 훤히 꿰뚫어 볼 수 있는 통찰력이 필요합니다.

그렇다면 통찰력은 어떻게 키울 수 있을까요? 다음과 같은 방법이 도움이 될 수 있습니다.

- 관찰과 경험Experimental experience : 주변 환경과 사람들을 평소에 주의 깊게 관찰하고 직접 경험하는 데 주저하지 말아야 한다. 이를 통해 다양한 상황에서 통찰력을 키울 수 있다.
- 문제 해결 연습Problem solving : 다양한 갈등 상황을 겪으면서 객관적으로 문제를 분석하고 해결해 가는 과정에서 상대의 입장을 이해하는 능력을 키우는 것이 통찰력을 높일 수 있다.
- 자기 성찰Reflection : 자신의 감정과 행동을 깊이 이해하고 되돌아

보는 것이다. 자기 성찰을 통해 타인의 관점을 이해하고 공감하는 능력이 향상된다. 자기 성찰은 통찰력의 전부라고 할 수 있을 정도로 매우 중요하다.

- 지속적인 학습과 독서Learning agility & Reading: 빠르게 변화하는 주변 상황과 사회적 변화를 지속적으로 민감하게 학습하고 심리학 또는 인문학 등의 책 읽기를 통해 통찰력을 향상시킬 수 있다.
- 커뮤니케이션 스킬 업Communication Skill-up: 효과적인 커뮤니케이션은 사람과 교류하고 다양한 관점을 수용함으로써 향상된다. 이는 통찰력을 키우는 데 매우 중요한 요소다.

직접 보지 않아도 꿰뚫어 보는 통찰력은 어디에도 없습니다. 하루아침에 통찰력이 생기는 것도 아닙니다. 공자의 말에는 족집게 과외처럼 요행이나 지름길이 없습니다. 꾸준함과 흔들림 없는 마음과 자세 그리고 끊임없는 자기 성찰을 통해 통찰력은 힘이 됩니다.

만능 팀장보다 현명한 팀장이 대세다

자왈 불역사 불억불신 억역선각자 시현호
子曰 不逆詐 不億不信 抑亦先覺者 是賢乎

헌문 33

공자께서 말씀하시길, "남이 나를 속일까 미리 추측하지 말고,

남이 나를 믿지 않을까 미리 억측하지도 마라.

그러나 상대방의 의도를 미리 깨닫고 안다면 그것이 현명한 것이라 하겠다."

《논어》를 구성하고 있는 20편 중에 가장 많은 46문장이 담긴 편이 '헌문'입니다. '헌문'편의 첫 장은 '헌문치 자왈 방유도 곡 방무도 곡 치야(憲問恥 子曰 邦有道 穀 邦無道 穀 恥也, 원헌이 부끄러움에 대해 묻자, 공자께서 말씀하시길 "나라에 도가 있을 때에 녹만 받아먹고, 나라에 도가 없을 때에도 녹만 받아먹는 것이 부끄러운 일이다.")'로 시작합니다. 그래서 '헌문'편으로 명명되었습니다. 이렇듯 《논어》 20편 각각의 이름은 모두 첫 문장의 첫 글자를 딴 것입니다.

'헌문'편은 특히 정치에 관한 문답들이 많이 담겨 있습니다. 그 시대의 정치는 현대 사회의 직장 조직과 매우 유사하다고 볼 수

있습니다. 공자 시대는 산업화 시대가 아니기 때문에 오늘날과 같은 조직적이고 체계적인 모습을 갖춘 조직의 형태는 유일하게 조정이고 정치였습니다. '헌문'편을 통해 공자 시대 리더의 역할과 중요성에 대해 살펴볼 수 있습니다.

현대 사회에서 직장 내 조직의 팀장(리더)은 과거 연공서열에 의해서 일정 시간이 지나면 피라미드 구조에 따라 올라가는 자리가 아닙니다. 이미 동료 또는 부하 직원이 팀장이 되는 것은 흔한 일이며, 모든 업무를 경험하고 파악하지 않아도 팀장이 될 수 있습니다.

과거 다양한 업무 경험을 바탕으로 팀장이 됐다면, 지금은 과거의 경험보다 앞으로 예측되는 경험에 대한 지식과 기술을 연마하는 것이 더 중요해졌습니다. 비즈니스를 둘러싼 환경이 '뷰카 VUCA 시대'를 지나 '초 뷰카Hyper VUCA 시대'로 접어들었기 때문입니다. 즉, 거대한 정보와 상품들 그리고 전쟁과 전염병 같은 환경은 현대 사회를 유동성, 불확실성, 복잡성, 모호성을 확대 재생산하기 시작했습니다.

그렇다면 앞으로 팀장의 역할은 무엇일까요? 방향과 비전을 명확히 해주고, 구성원을 케어하고 커뮤니케이션을 잘하는 것이 팀장의 역할일까요? 이것은 이미 구성원들이 팀장을 통하지 않아도 조직 내 오픈 커뮤니케이션을 통해 알 수 있습니다.

과거 폐쇄적이고 제한적인 정보 공유로 팀장과 CEO의 절대 권한과 권력으로 조직을 관리하는 시대가 아닙니다. 또한 똑똑하고 일 잘하는 팀장 한 명으로 조직의 성패와 사업 성공이 좌지우지되는 시대가 아닙니다.

지금부터 우리에게 필요한 팀장은 과거의 '만능 팀장Great Leader'에서 벗어난 '현명한 팀장Wise Leader'입니다. 오늘날 조직의 구성원들은 팀장보다 더 전문가며 많은 정보를 관리하면서 동시에 문제 해결 능력도 갖추고 있습니다. '현명한 팀장'은 우수한 구성원들 사이에서 다양한 상황을 명철하게 파악하고 위험 요소를 최소화할 수 있는 가장 합리적인 판단을 해야 합니다. 현명한 팀장의 주요 역할은 '저지Judge'가 되는 것입니다.

《논어》에서 공자는 제자들에게 '현명함'에 대해서도 다양한 비유와 예시로 말했습니다. '헌문'편에서 공자는 "남이 나를 속일까 추측(미루어 생각하여 헤아림)하거나 반대로 나를 믿어주지 않을까 억측(이유와 근거 없이 짐작함)하지 말라"고 했습니다. 함부로 사람을 쉽게 판단하지 말라는 말입니다. 그러면서도 어떤 사람의 행동을 보고 재빠르게 그 사람의 의도를 파악할 수 있다면 그것이 현명함이라고 말했습니다.

현명함과 스마트함을 같이 이해하는 경우가 종종 있습니다. 그래서 현명한 팀장이 되어야 한다고 하면 공부를 해야 하고 지식과 기술을 더 연마해야 하는 것으로 이해합니다. 스마트라는 단어 자체가 주는 의미 때문일 것입니다. 조직에서 스마트함은 정보와 데이터를 기술적으로 잘 다루고 분석해 내는 능력을 말합니다. 하지만 현명함은 스마트함을 바탕으로 잘 판단하여 실제 실행까지 이루어지도록 하는 것입니다. 그렇기 때문에 현명한 팀장의 판단은 팀의 성과에 영향을 미치게 됩니다.

공자가 말한 "상대의 의도를 미리 알고 깨닫는다면 그것이 현명한 것이라 하겠다"라는 것은 의도만을 파악하는 데 그치지 않고 이미 상황의 이해, 관련 데이터 그리고 예상되는 일의 시나리오까지 단번에 알아차렸다는 뜻입니다. 그것이 일을 처리함에 있어 현명함입니다.

예를 들어 모든 조직의 팀장들은 매해 사업 계획 프레젠테이션을 최고 결정권 그룹 앞에서 하게 됩니다. 프레젠테이션은 누구보다 완벽할 수 있지만 그 이후 질문 시간은 어느 누구도 자신 있게 준비하기란 쉽지 않습니다. 추측하여 준비하거나 상황에 임기응변하기 십상입니다.

현명한 팀장이라면 어떨요? 프레젠테이션 내용보다 실제 질문 시간을 대비하기 위한 준비에 많은 노력을 기울일 것입니다. 질문의 의도와 상황을 빠르게 간파하여 내년 사업 계획에서 맞닥뜨릴 수 있는 여러 챌린지들을 프레젠테이션하는 자리에서 유연하게 토론하기 위함입니다. 많은 팀장들은 중요 보고에 있어 많은 자료와 분석이 더 좋은 결정을 하는 데 도움이 될 거라고 생각하지만, 이미 대부분의 조직은 자료와 분석이 부족해서 어긋난 결정을 하는 일은 거의 없습니다.

오늘날 비즈니스는 시간 싸움이라고 할 정도로 기민한 결정과 실행력이 요구됩니다. 그렇기 때문에 프레젠테이션이라는 중요한 시간 안에 최고 결정권자들이 빠르고 현명하게 판단과 결정을 내릴 수 있도록 해야 합니다.

질문 대비를 제대로 준비하지 못한 팀장의 경우 "다음에 보완해서 보고하겠습니다"라는 답변만 남기고 실제 이후 팔로업이 안 되는 경우가 다수입니다. 프레젠테이션 과정에서 나오는 여러 질문 등은 상대의 의도에 해당하고 그 질문이 가지고 있는 의도를 재빠르게 해석하고 대응할 수 있는 것이야말로 팀장이 지녀야 할 현명함입니다. 이것이 바로 현명한 팀장입니다.

리더라면 포용력을 가져라

자 하 지 문 인   문 교 어 자 장   자 장 왈   자 하 운 하
子夏之門人 問交於子張 子張曰 子夏云何

대 왈   자 하 왈   가 자 여 지   기 불 가 자   거 지
對曰 子夏曰 可者與之 其不可者 拒之

자 장 왈   이 호 오 소 문   군 자 존 현 이 용 중   가 선 이 긍 불 능   아 지 대 현 여
子張曰 異乎吾所聞 君子尊賢而容衆 嘉善而矜不能 我之大賢與

어 인 하 소 불 용   아 지 불 현 여   인 장 거 아   여 지 하 기 거 인 야
於人何所不容 我之不賢與 人將拒我 如之何其拒人也

자장 3

자하의 문인이 자장에게 사람과의 관계에 대해 묻자 자장이 말하길,

"자하는 뭐라고 하시던가?"

자하가 말하길, "교제할 만한 사람과는 함께하고

교제할 만하지 않는 자는 거절하라고 하셨습니다."

그러자 자장이 말하길, "내가 들은 바와는 조금 다르다.

어진 사람은 존중하고 보통 사람은 포용하며,

선한 사람은 칭찬하되, 능력이 부족한 사람은 불쌍히 여겨야 한다.

내가 어진 사람이라면 남들에게 어떻게 안 받아들여지겠는가?

내가 어질지 못하면 남들이 나를 거부할 것이니,

어찌 내가 모질지 못하다고 남을 거절하겠는가?"

공자의 제자 또는 문인은 그 수가 많아 이름이 알려진 사람만 해도 70명이 넘는다고 합니다. 그 이름은 사마천의 《사기》에도 기록되어 있는데, 공자의 제자 가운데 뛰어난 70인을 칠십자七十子라고 칭했다고 합니다. 공자의 직계 제자인 자하의 문인 중 한 명

이 또 다른 공자의 직계 제자인 자장에게 인간관계에 대한 인사이트를 물었습니다. 자하의 문인은 자하가 "좋은 사람과는 함께하고 그렇지 않은 사람과는 어울리지 말라"고 했다고 말했습니다.

자장은 그 물음에 대한 답변으로 사람을 사귈 때, 어울릴 만한 사람인지 구분 짓기보다는 포용력을 가지고 다양한 사람을 품는 것이 인간관계의 핵심이라고 말합니다. 한눈에 보고 누가 자신에게 도움이 될 사람인가를 선별해서 인간관계를 맺을 수 있다면 좋겠지만 쉽지 않습니다.

자장은 오늘을 사는 우리에게 포용력을 가지고 나를 포함한 내 주변의 다양한 사람들을 이해하고 받아들이는 것이 인간관계의 첫걸음임을 말해주는 듯합니다. 오늘날 직장 조직에서의 인간관계도 정답과 공식이 없습니다. 내가 원하든 원하지 않든 불편한 사람과도 일을 해야 하고 어려운 사람과도 말을 섞어야 합니다.

특히, 사람에 대한 포용력이 요구되는 자리는 팀장의 자리입니다. 팀장은 팀 사이즈에 따라 직접 관여할 수 있는 역량이 정해집니다. 10명 정도면 팀장이 구성원 한 명, 한 명 케어하고 도와주는 데 어려움이 없습니다. 하지만 10명이 넘어가면 실제로 팀 구성원 한 명, 한 명을 세심하게 살피기는 매우 어렵습니다. 그래서 흔히 팀장들은 열 손가락 넘어가는 팀 사이즈가 되면 그때부터는 팀이 스스로 작동할 수 있도록 업무를 위임하며 구성원들을 파악해야 한다고 말합니다.

외국계 제약회사의 어느 팀장은 24명 되는 팀 사이즈에 구성원을 다음과 같이 파악한다고 합니다. 일을 잘하는 사람, 일을 못하는 사람, 성격이 좋은 사람, 아무 존재감이 없는 사람. 이런 배경에 대해 물었습니다.

외국계 회사의 경우 구성원 역량을 바탕으로 고성과자High performer, 탄탄한 성과자Solid performer, 저성과자Low performer로 구분하고 해당되는 레벨에 따라 역량 개발을 도와줍니다. 하지만 우리가 깨어 있는 대부분의 시간을 같이하는 팀 구성원들을 어찌 업무 역량이라는 잣대로만 해석하고 일할 수 있겠습니까? 일은 부족하지만 열심히 해보려는 사람 그래서 조금만 도와주면 되는 사람, 뛰어난 성과는 가져오지 못하지만 팀의 윤활유 역할을 톡톡히 하는 사람, 스스로 일을 뚝 부러지게 하는 사람, 자기 일만 하고 주위 동료에겐 관심도 없고 팀원인지 알 수도 없는 사람 등 결국 팀을 이끄는 팀장, 즉 리더가 모두 포용하고 같이 나아가야 합니다.

내가 현명하다면 다른 사람을 포용하지 않을 이유가 없고, 내가 현명하지 않으면 다른 사람들도 나를 멀리할 것입니다. 결국, 리더는 모두를 끌어안았을 때 각기 다른 구성원들도 리더를 따르게 됩니다. 요즘 기업에서 말하는 다양성Inclusion & Belonging은 결국 포용하기가 아닐까 생각합니다.

《논어》의 '자장' 편을 읽다 보면 리더의 포용력과 역량의 중요성을 다시 생각하게 됩니다. 그동안의 직장 경험과 리더 역할의 경험을 토대로 봤을 때, 리더십은 결국 '사람을 이끄는 힘'이 아니라 '사람을 움직이게 하는 힘'이라고 생각합니다. 그렇다면 '사람을 움직이게 하는 힘은 무엇인가?'를 생각하지 않을 수 없습니다. 월급, 승진 등 외적 동기도 어느 정도 효과가 있겠지만 이런 요소들은 일시적입니다. 내가 당연히 받을 만한 성과의 결과로서 월급 또는 승진이 마침표 역할을 하기 때문에 그때뿐일 수밖에 없습니다.

사람을 움직이려면 리더의 포용력과 구성원 스스로 내재적 동기가 발현되어 움직여야 합니다. 창의성 연구의 대가이자 조직 혁신 전문가인 테리사 아마빌레Teresa M. Amabile 하버드 경영대학원 교수는 코로나 사태를 겪으면서 지금까지의 삶이 너무 일에만 집중돼 있었다는 생각이 많은 직장인들 사이에 퍼지게 됐다고 지적했습니다. 그러면서 금전적 보상과 줄 세우기식 평가와 같은 과거의 방식으로는 더 이상 직원들의 자발적 동기를 이끌 수 없다고 설명하였습니다.

아마빌레 교수는 내재적 동기의 중요성을 강조하며 이렇게 말했습니다.

"내재적 동기란, 금전적 인센티브 등 외적 보상이 아니라 흥미, 성취감 등 자기 만족을 통해 자발적으로 동기 부여가 되는 상태를 뜻한다."

결국 스스로 즐겁고 자유롭게 일할 수 있어야 동기가 활성화되고 주변 동료들과도 우호적으로 협업할 수 있다고 말합니다. 이를 위해 구성원에게 자율성을 그리고 내재적 동기의 핵심인 자신의 일에서 전진, 즉 작은 승리를 경험하게 하여 사소해도 개인적으로 의미를 찾을 수 있도록 리더는 도와주고 끌어안아 주어야 한다고 말합니다.

예를 들면 결정이 요구되는 중요한 안건에 팀원을 참여시켜 결정 권한을 작게라도 주면서 오너십을 경험하게 할 수 있습니다. 이 경우 성취감이 매우 올라갑니다. 구성원 전반이 성취감이 높고 자발적 동기가 강한 팀은 누가 보아도 그 팀의 분위기를 알 수 있습니다. 구성원 개개인의 표정과 행동이 밝고 경쾌합니다.

한편 급여도 올려주고 승진도 시켜줬지만 팀 분위기가 우울하고 서로 불만과 시기 질투가 난무하는 팀도 있습니다. 물론 내재적 동기가 강한 우수 인재를 만나는 것도 어렵습니다. 그래서 인재를 미리 알아보고 키워야 합니다. 잠재력 있는 자원에게 기회를 주고 이를 통해 내재적 동기가 강한 인재로 만들어야 합니다. 이것이 리더의 역량이고 사람을 움직이게 하는 힘입니다.

조직의 핵심 동력은 신뢰다

자 하 왈 군 자 신 이 후 노 기 민
子夏曰 君子信而後 勞其民
미 신 즉 이 위 려 기 야 신 이 후 간 미 신 즉 이 위 방 기 야
未信則以爲厲己也 信而後諫 未信則以爲謗己也

자장 10

자하가 말하길, "군자는 신뢰를 얻은 후에 백성에게 일을 시킨다.
신뢰가 없다면 백성들은 자신을 괴롭힐 뿐이라고 생각한다.
군자는 신뢰를 얻은 후에 군주에게 잘못을 이야기한다.
신뢰를 얻지 못한다면 군주는 자신을 비방한다고 여길 뿐이다."

《논어》에서 백 번 이상 나오는 '군자'는 현대 사회에서는 '리더'라고 할 수 있습니다. 자하는 "군자는 신뢰를 얻은 후에 백성에게 일을 시킨다"라고 했는데, 이 말을 직장의 조직 환경에 빗대어 보면 "리더는 구성원의 신뢰를 얻은 후에 구성원에게 일을 시켜야 한다"라고 할 수 있습니다.

반대로 "군자는 신뢰를 얻은 후에 군주에게 잘못을 이야기한다"라는 말은 "구성원도 리더로부터 신뢰를 얻지 못한다면 리더의 잘못 또는 자신의 의견을 피력하기 어렵다"라는 말로 해석할 수

있습니다. 즉, 서로 신뢰가 없다면 일을 진행하는 것도 서로 상호작용하는 것도 어렵다는 말입니다.

어떤 인간관계에서도 신뢰는 매우 중요한 요소입니다. 특히 직장 생활에서의 신뢰는 약속의 다른 이름이기도 합니다. 이 약속은 구성원 간의 암묵적인 합의이고, 이 합의가 깨졌을 때, 신뢰는 도미노처럼 조직 전반에 영향을 끼칩니다.

최근 많은 연구에서 리더와 구성원과의 신뢰에 대해 다양한 데이터를 보여주면서 중요성을 강조하고 있습니다. 그런 점에서 클레어몬트 대학원Claremont Graduate University 신경경제학 연구센터의 폴 J. 잭 교수의 연구 '신경과학으로 본 신뢰'도 시사하는 바가 매우 큽니다. 서로 간의 신뢰가 높은 기업의 직원들은 서로 간의 신뢰가 낮은 기업 직원들에 비해 76% 몰입도가 높고, 74% 스트레스가 적고, 50% 생산성이 높고, 40% 무기력증(번아웃)이 적고, 29% 삶에 대한 만족도가 높고, 13% 병가 일수가 적다고 합니다.

이 연구 결과는 직장 생활에 미치는 모든 요소를 보여주고 있습니다. 이것 외에도 신뢰가 기업의 업무 성과 및 직원 개인의 보상에도 매우 큰 긍정적인 영향을 끼친다는 연구도 쉽게 살펴볼 수 있습니다. 현대 사회는 수많은 데이터를 바탕으로 조직의 핵심 동력이 신뢰라는 것을 발견했지만, 2,500년 전 공자는 과학적인 방법론 없이도 이미 일의 근간은 사람과 사람 사이의 신뢰라는 것을 알려 주었습니다.

그렇다면 이렇게 중요한 신뢰를 어떻게 쌓을 수 있을까요? 진정한 리더십은 리더가 사람을 어떻게 대하느냐의 문제입니다. 이는 공자가 수차례 강조한 말입니다. 군자는 백성을 인(仁)으로 대하고 백성은 군자를 충(忠)으로 대하는 것입니다. 이것이 공자가 말한 신뢰의 핵심 동력입니다.

현대 사회에는 리더 개인의 강한 카리스마, 재능, 성공 경험 등을 수치화하여 리더십의 성과를 강조했지만, 최근에는 결국 리더십은 다시 공자의 말처럼 리더가 구성원을 대하는 태도로 초점이 맞춰지고 있습니다. 리더가 진정성을 갖고 구성원과 의사소통을 하고, 리더의 판단과 능력이 믿을 만하고, 늘 사람을 우선으로 할 때 구성원은 리더를 믿고 따르게 되는 것입니다.

역으로 구성원도 리더의 신뢰를 통해 일의 동력(동기 부여)과 창의력이 발휘되어 결국 일의 성과를 최대치로 올릴 수 있습니다. 그렇다면 구성원은 어떻게 리더에게 신뢰를 얻을 수 있을까요?

기한을 지켜라

일의 마감 기한은 신뢰를 구축하는 가장 기본 약속입니다. 결과물의 퀄리티는 두 번째입니다. 약속한 기한 내에 일을 처리하는 능력은 성실성과 역량을 동시에 보여줍니다.

"업무는 잘하는데 마감 기한은 늘 어긴다." 이런 피드백은 한번도 들어본 적이 없습니다. 그만큼 요구하는 결과물을 기한 내에

산출하는 것 자체가 업무를 잘하는 기준이 되기 때문입니다. 상사에게 인정받는다는 것은 상사로부터 신뢰받고 있다는 말과 같습니다.

솔직히 말해라

리더가 모든 업무의 과정을 속속들이 살필 수도 없고, 그래서도 안 됩니다. 조직의 구조는 구성원을 믿고 위임하게 되어 있습니다. 하지만 일의 과정 또는 결과물에서 예상치 못한 상황이 발생할 수 있습니다. 이럴 때 업무를 담당하는 구성원은 문제 해결을 위해 고군분투하게 됩니다. 리더의 지지와 지원이 필요한 시점입니다. 이 과정에서 리더에게 무조건 솔직하게 말해야 합니다. 본인의 실수를 덮기 위해 임기응변으로 대처한다면 그동안 쌓은 신뢰는 돌이킬 수 없이 모래성처럼 무너집니다.

회사 일은 개인만의 일이 아닙니다. 그러므로 모든 상황은 상사인 리더와 늘 솔직하게 대화해야 합니다. 그것이 상사에게 신뢰를 얻는 가장 빠른 길입니다.

동료를 도와줘라

조직은 개인 한 사람의 역량으로 성과를 낼 수 없습니다. 팀 구성원의 업무 퀄리티가 팀 성과의 핵심 역량입니다. 팀 내에는 저성과자도 있고, 갑자기 업무가 과다한 직원도 있고, 신규 입사자 및 도움이 필요한 동료들이 있습니다. 이를 묵인하지 않고 도와주는 구성원도 있습니다.

늘 주변을 살피고 이타심으로 사람을 대하는 태도의 사람입니다. 이런 태도는 동료와 상사의 신뢰를 얻게 됩니다.

사무실에 출근해라

코로나를 기점으로 재택근무 또는 하이브리드 근무가 보편화되고 있습니다. 하지만 직장에서 사무실 출근이 의미하는 것은 매우 큽니다. 리더들은 사무실 근무를 선호하고 구성원들은 재택근무를 선호합니다. 우리 모두가 아는 불편한 진실입니다. IT 시스템과 인공 지능의 발전은 매일 사무실에서 마주하고 일하지 않아도 빠른 일 처리를 가능하게 하여 생산성과 효율성을 증명하고 있습니다.

하지만 여전히 사람 사이의 협업과 상호 작용이 필요한 영역에서 그리고 리더가 구성원에게 영향력을 행사하는 주요한 통로는 감정 곧 '공감'입니다. 헤지스 컴퍼니 회장인 크리스티 헤지스의 저서《영향력 코드*The Inspiration Code*》*에서는 '눈이 보인다는 것, 즉 직원의 가시성은 성실과 몰입과 같은 긍정적인 특징을 내포한다'라고 했습니다. 규칙적으로 사무실에 출근하여 상사와 대면으로 업무를 논의하고 다양한 주제를 통해 서로 공감하는 시간은 리더와 구성원 간의 신뢰를 쌓는 데 중요한 역할을 합니다.

현대 사회는 사람보다 고도화된 시스템과 데이터가 정확한 결정을 내리는 데 영향을 미칩니다. 하지만 사람과 사람 사이의 신뢰 그리고 공동의 목표를 만들어가는 조직에서 구성원과 리더의 신뢰는 그것보다 더 가치 있는 자산이 되었습니다.

앞으로 미래 조직은 신뢰로 인해 발생될 엄청난 가치를 경험하게 될 것입니다. 그 자산을 우리가 지키고 만드는 것이 경쟁력을 키우는 방법입니다. 이것이 오늘 우리가《논어》에서 공자의 기본 정신을 본받고 배워야 하는 이유입니다.

---

* 크리스티 헤지스, 《영향력 코드(*The inspiration Code: How the Best Leaders Energize People Every Day*)》, AMACOM, 2017.

어떤 피드백도 기분 좋은 피드백은 없다

자 공 문 우 자 왈 충 고 이 선 도 지 불 가 즉 지 무 자 욕 언
子貢問友 子曰 忠告而善道之 不可則止 無自辱焉

안연 23

자공이 친구에 대해 여쭙자 공자께서 말씀하시길,
"진정성 있게 충고하여 바른길로 이끌어 주어야 한다.
그러나 충고해도 되지 않을 때에는
그만두어 자신을 욕보이게 하지 말아야 한다."

자 유 왈 사 군 삭 사 욕 의 붕 우 삭 사 소 의
子游曰 事君數 斯辱矣 朋友數 斯疏矣

이인 26

자유가 말하길, "임금을 섬길 때 자주 간언을 하면 치욕을 당할 것이고,
친구와의 관계에서 자주 충고를 하면 사이가 멀어진다."

몇 해 전 '유퀴즈 온 더 블록'이라는 프로그램에서 길거리 시민들과 자유롭게 인터뷰하는 장면을 보았습니다. 지나가는 초등학생에게 진행자가 다음과 같은 질문을 했습니다. "잔소리와 충고는 어떻게 다른 가요?" 그러자 초등학생 친구가 당차게 말했습니다. "잔소리는 왠지 모르게 기분이 나쁜데, 충고는 더 기분이 나빠요." 지나가는 초등학생의 답변이 주는 여운이 지금도 생생합니다. 너

무 정확한 표현이 아닐까 싶습니다.

우리는 충고를 더 기분 나쁘게 생각합니다. 이유는 인간이 완벽한 존재가 아니기 때문입니다. 그래서 다른 인간을 객관적으로 평가하지 못하는데, 누군가 충고하면 반사적으로 기분이 나쁩니다.

《논어》에서 충고에 대한 말을 어렵지 않게 찾아볼 수 있습니다. 친구 사이의 충고, 임금과 신하 사이의 충고 등 인간관계에 있어 가장 어려운 커뮤니케이션이 충고가 아닐까 생각합니다.

공자는 친구 사이에서도 적극적으로 충고를 통해 바른길로 이끌어줘야 한다고 말하지만, 현실은 친구 사이에서조차도 충고는 조심스럽고 어려운 일입니다. 모든 충고가 진정성이 있겠지만, 충고가 친구 관계를 틀어지게 할 수 있고, 심하면 본인을 욕보이게 할 수도 있기 때문에 진심 어린 충고가 되도록 심혈을 기울여야 합니다.

믿음이 있는 친구 사이에서조차도 충고가 이렇게 어렵다면 조직에서 리더와 구성원 또는 동료 간에 충고는 얼마나 어려울지 생각해 볼 수 있습니다.

조직에서도 충고가 구성원 또는 동료에게 잘 전달되는 경우도 있겠지만, 대부분 충고하는 사람의 마음만큼 진정성 있게 전달되는 경우가 드뭅니다. 공자의 말처럼 오히려 그 충고의 화살이 본인에게 돌아오는 경우도 있습니다.

직장에서 충고는 '피드백'이라는 이름으로 20세기 중반부터 직원들의 역량을 키우는 방법으로 활용되고 있습니다. 피드백이 충고보다 더 폭넓은 의미지만, 대부분의 조직에서는 피드백을 칭찬과 격려 또는 다양한 의견 수렴을 위한 의사소통의 도구로 사용하기보다는 부족한 역량을 개발하거나 문제를 지적하는 데에 더 자주 사용합니다. 이 과정에서 피드백을 받은 구성원은 기분이 나쁘고 역량 개발이라는 목적과는 다르게 의욕이 상실됩니다.

그 부작용을 모두 알기 때문에 차라리 욕보이기보다는 피하는 것을 선택합니다. 우리가 생각하는 것만큼 다른 사람을 정확히 평가하지 못하기 때문에 벌어지는 일들입니다. 그렇다면 굳이 피드백을 해야 하는 것인가 생각해 볼 수 있습니다.

코로나 이후로 단절된 직장 내 소통이 이전보다는 매우 활발해졌습니다. 하지만 다시 돌아온 조직은 이전과 같은 커뮤니케이션과 업무 방식이 아닙니다. 재택근무와 유연 근무제 등은 여전히 소통에 물리적인 어려움을 경험하게 하고 있습니다. 과거의 일하는 방식에서 피드백은 충고에 가까웠지만, 오늘날 일하는 방식에서 피드백은 커뮤니케이션입니다.

특히 코로나 이후 많은 조직에서 피드백의 중요성이 대두되고 있는데, 다음과 같은 이유가 있습니다.

- 피드백은 구성원 개인과 팀의 성과를 개선하는 데 도움이 된다. 정기적이고 구체적인 피드백을 통해 강점을 강화하고 개선이 필요한 부분을 빠르게 인식하여 발전을 도울 수 있다.

- 피드백은 열린 소통을 유도하고 조직의 문화를 강화하는 효과가 있다. 팀 간, 팀원-구성원 간의 피드백이 활발하게 이루어 질수록 조직 내 협업과 소통이 원활해진다.
- 피드백은 직원들의 조직 의사 결정 참여를 높이고 직원들이 자발적으로 목소리를 낼 수 있는 촉매제 역할을 한다. 즉, 직원 참여와 조직에 대한 충성도를 높일 수 있다.
- 리더 입장에서 팀 구성원에게 주는 피드백은 단순히 업무 성과 이상의 효과가 있다. 직원들은 자신의 노력과 기여가 인정되는 것을 원하고 보상받기를 기대하기 때문이다.

피드백은 직원들에게 자신의 업무가 조직에서 중요하게 여겨진다는 감정적 결속과 몰입Engagement을 느끼게 하는 데 매우 효과적입니다. 특히 MZ세대 직원들은 자신의 업무와 성과에 대한 적극적인 피드백을 원하고 있습니다. 퇴사 시 진행하는 퇴사 인터뷰Exit Interview를 하다 보면 많은 MZ세대 직원들이 자신에게 적절한 피드백을 하지 않는 리더와 일하고 싶지 않다고 말합니다. 나에게 관심이 없는 리더라면 나의 성과가 제대로 평가받지 못할 것이고 그렇다면 연봉과 승진 이후 커리어 상승에 영향이 있다는 겁니다.

이런 이유로 피드백의 중요성을 깨닫고 지속 가능한 피드백 문화를 구축하기 위해 시스템을 만들거나 교육에 투자하고 있습니다.

《논어》를 통해서도 다시 한번 새길 수 있는 것은, 아무리 좋은 마음과 정성으로 피드백을 하더라도 지나칠 경우에 안 한 것만 못할뿐더러 오히려 부작용이 더 클 수 있다는 점입니다. 좋은 피드백은 결국 탄탄한 신뢰를 기반으로 피드백을 하는 사람도 받는 사람도 모두 만족해야 합니다.

사방에 CCTV가 있다

자 공 왈　군 자 지 과 야　여 일 월 지 식 언
子貢曰 君子之過也 如日月之食焉
과 야　인 개 견 지　경 야　인 개 앙 지
過也 人皆見之 更也 人皆仰之

자장 21

자공이 말하길, "군자의 잘못은 일식과 월식과 같아서
잘못을 지으면 사람들이 모두 그것을 보게 되고,
잘못을 고치면 사람들이 모두 그를 우러러본다."

리더의 도덕성에 대한 이야기는 TV 뉴스에 나오는 유명인사들의 이야기가 아닙니다. 과거와 달리 급변하는 비즈니스 환경은 조직 구성원들과 비전을 공유하고 공통의 미션을 위해 다 같이 몰입해야 합니다. 과거와 같이 스타급 CEO 한 명으로 인해 모두가 움직이는 조직이 아닙니다. 조직의 비전과 개인의 비전이 일치를 이뤄야 하고 조직의 성장이 개인의 성장과도 합치를 이루어야 구성원들도 리더를 중심으로 몰입하게 됩니다.

이 과정에서 리더와 구성원은 같은 조직에 일하는 소속감을 넘어 특별한 감정을 공유하면서 한 팀이 됩니다. 그 특별한 감정을 '몰입'이라고 합니다. 그리고 그 축에 바로 리더가 있습니다. 리더가 반칙을 일삼고 언행일치가 되지 않을 경우 그 축은 무너지고 신뢰는 금이 가기 시작합니다. 이런 이유 때문에 오늘날 리더의 역량을 논하기 전에 도덕성과 언행일치를 강조하는 것입니다. 리더 채용 시 평판 조회를 하는 이유도 리더의 도덕성에 대한 검증을 간접적으로 하기 위해서입니다.

리더의 위치는 조직의 구조상 가장 잘 보이는 곳에 있게 됩니다. 현대 사회의 조직은 자율 좌석제와 같은 스마트 오피스 또는 재택근무가 보편화되어 리더가 물리적으로 어디에 있는지가 중요하지 않습니다. 하지만 자공이 말한 것처럼 구성원은 리더의 잘잘못 그리고 태도와 언행 등 모든 것을 일식과 월식을 보듯이 관찰할 수 있습니다.

평소에 관심이 없어도 주변에서 개기일식이라고 하면 호기심에 한 번쯤 하늘을 올려다본 경험이 있을 겁니다. 조직에서도 평소에는 본인 업무 외에 다른 사람에게 관심도 없는 동료조차도 리더의 부정과 잘못된 언행으로 인한 문제에는 관심을 갖고 비난에 동조합니다. 처음 팀장이 되고 초반에 큰 실수로 곤혹을 치르는 사람들의 공통점이 있습니다. 이전 상사로부터 잘못된 도덕적 기준을 학습한 경우입니다.

요즘은 있을 수 없는 일이지만, 과거 한 외국계 기업의 파이낸스 팀에 법인 카드 담당 팀장이 회사 법인 카드 마일리지를 개인적으로 사용한 적이 있었습니다. 회사 법인 카드의 사용 금액에 대한 마일리지는 회사 파이낸스 팀에서 관리했고, 직원 개인이 사용할 수 없었습니다. 이를 발견한 감사팀은 법인 카드 담당 팀장에게 이유를 묻자, 그는 지난 10년간 자신이 사원일 때부터 팀장은 회사 법인 카드 마일리지로 비행기표, 유류대 등을 개인 용도로 사용해 왔으며, 이는 너무 당연시 행해졌으며 그 일은 아랫사람이 담당하였다고 말했습니다. 일종의 파이낸스 팀의 복리후생이라고 여겼다고 합니다. 리더의 잘못을 보고도 본인이 리더가 됐을 때 같은 잘못을 답습하는 것도 매우 실망스럽지만 리더의 도덕적 해이(Moral hazard)가 얼마나 문제인지 알 수 있는 실제 사례였습니다.

최근 국내외 많은 연구를 보면, 리더가 진정성(도덕성)을 가지고 자기 성찰과 언행일치로 자신에 대한 엄격한 기준을 가질수록 구성원들은 자발적으로 조직에 몰입하고 다른 구성원들과 능동적으로 협력하여 조직에 우호적인 행동까지 이끌어 낸다고 합니다.

자공은 리더의 잘못은 누구나 알아채고 보게 되지만, 그 잘못을 반성하고 고치면 그것을 지켜본 구성원들은 그 리더를 우러러 본다고 하였습니다.

조직에서 리더는 만능 해결사도 흠집 없는 완벽한 사람도 아닙니다. 같은 실수를 반복하기도 하고, 잘못된 결정으로 팀에 손실을 가져오기도 합니다. 실수와 잘못을 잠시 감출 수도 있습니다. 간혹 오랫동안 감춰지는 경우도 있습니다. 인사 업무를 하면서 그동안 지켜본 리더들 중에 자신의 실수와 잘못을 오랫동안 감추고 반복해온 것을 발견할 때가 있습니다. 오래된 잘못일수록 추악하고 창피하기 짝이 없습니다. 그런 리더와 일하고 있는 구성원 또는 과거 같이 일했던 구성원의 명성에도 영향을 끼칩니다.

반면에 실수와 잘못을 리더 스스로 먼저 알아차리고 구성원 그리고 조직과 적극적으로 커뮤니케이션하고 해결해가는 리더 중에는 C-레벨로 성장한 경우가 많습니다. 리더가 잘못을 인정하고 스스로 자기 성찰과 규제를 통해 구성원들의 신뢰를 다시 얻는다면 분명 구성원들은 리더를 따르고 존경할 겁니다.

조직을 움직이는 인플루언서가 되라

자 온 이 려 위 이 불 맹 공 이 안
子溫而厲 威而不猛 恭而安

술이 37

공자께서는 온화하시면서도 엄격하셨고,
위엄 있으시면서도 무섭지 않고,
공손하시면서도 편안하셨다.

'술이'편은 제자들의 눈에 비친 공자의 인품에 대한 이야기가
많습니다. 공자는 온화하면서도 엄격했다고 합니다. 상대를 온화
하게 대하려면 마음의 여유와 상대를 배려하는 자세가 기본 바탕
에 있어야 합니다.

  공자의 엄격한 성품은 무섭거나 두려운 존재를 의미하는 것은
아닙니다. 정확한 판단력과 결단력으로 상황을 현명하게 꿰뚫는
지혜가 있는 모습입니다. 물론 엄격한 성품만으로 사람들을 움직
일 수는 없습니다. 동시에 공자는 상대를 공손하게 대하면서 편안
하도록 배려했다고 합니다. 그렇기 때문에 사람들이 공자를 따르

고 존경했던 겁니다.

공자의 인품에서 공자 리더십의 바탕이 '사람'이라는 것을 알수 있습니다. 리더는 '사람을 이끄는 사람'이 아닌 '사람을 움직이게 하는 사람'이어야 합니다. 사람을 움직이게 하려면 사람들이 리더에게 다가가는 것을 주저해서는 안 됩니다. 리더가 일일이 구성원을 찾아다니며 일거수일투족에 관여할 수 없기 때문입니다.

역사적으로 산업 사회로 진입하면서 공장 기계화는 우리 시대를 보다 빠르게 진화시켰습니다. 산업 사회의 가장 두드러진 특징은 노동력과 속도입니다. 많은 사람의 노동력으로 빠르게 결과물을 만들어내는 것이 산업 사회의 핵심 역량이었습니다.

이 과정에서 현대적 의미의 리더 출현은 사람들을 이끄는 역할에 집중되었습니다. 제한된 시간에 목표하는 결과물을 산출해내기 위해 어떻게 사람들에게 동기 부여를 줄 것인가? 이런 배경은 물리적 동기 부여에 초점이 맞춰졌고 임금 체계 및 인센티브/보너스와 같은 보상이 사람들을 이끄는 힘이 되었습니다. 물리적 동기 부여는 리더의 개인적 역량보다 일의 결과에 따른 보상이 명확하기 때문에 리더의 역할은 감시와 감독이었습니다.

오늘날 리더는 어떤 역할을 하는 사람일까요? 감시와 감독이 현대 조직에서 요구하는 리더의 역할일까요? 아마 자칫하면 직장 내 괴롭힘으로 신고당할 수 있습니다. 근무 장소는 더 이상 모두가 모인 사무 공간이 아닙니다. 장소와 시간에 얽매이지 않고 자유롭게 일 처리가 가능합니다. 리더는 감시와 감독 대신 일의 방향을 설정하고 위기 상황을 예견하고 발 빠르게 문제를 해결할 수 있는 역량과 동시에 명확한 비전을 제시하면서 사람들을 움직여야 합니다. 즉, 팀과 조직에서 인플루언서가 되어야 합니다. 오늘날 리더의 완벽한 모습을 보여준 공자야말로 시대를 넘어선 가장 뛰어난 인플루언서가 아닐까 싶습니다.

리더라도 묻기를 부끄러워하지 마라

자공 문왈 공문자 하 이 위 지 문 야
子貢 問曰 孔文子 何以謂之文也
자왈 민 이 호 학 불치 하 문 시 이 위 지 문 야
子曰 敏而好學 不恥下問 是以謂之文也

공야장 14

자공이 공자께 묻기를, "공문자는 왜 '문'이라는 시호를 하였습니까?"
공자께서 말씀하시길, "공문자는 영리하고 배우기를 좋아하며,
아랫사람에게 묻는 것을 부끄럽게 여기지 않았다.
이런 까닭으로 '문'이라는 글자를 시호에 넣은 것이다."

예로부터 왕이나 사대부들이 죽은 뒤에 공덕을 찬양하는 의미로 왕으로부터 받은 호칭을 '시호'라고 하였습니다. 죽은 뒤에 그 사람의 삶이나 업적을 평가하고 기리기 위함입니다. 그러므로 '시호'는 그 사람의 삶을 함축적으로 표현했다고 할 수 있습니다.

위나라 대부 공어(孔圉, 성은 공이고 이름은 어)는 사후 '공문자'라는 시호를 받았습니다. 시호에 문文이 들어간 것을 보고 자공이 공자에게 그 이유를 물었습니다. 실제 공문자는 사람들에게 지탄받을 만한 결점도 있었습니다. 그럼에도 불구하고 훌륭한 시호를 받

은 것이 궁금했던 겁니다.

공자는 그 이유에 대해 공문자는 배우기를 좋아하고 아랫사람에게 묻는 것을 부끄럽게 생각하지 않은 점을 이유로 설명해 주었습니다. 첫 번째로, 배우기를 좋아했다는 것은 공자가 가장 높게 평가하는 호학好學을 겸비했다는 말입니다. 호학은 늘 겸손한 마음으로 끊임없이 배우고 익히는 자세를 말합니다. 이는 주변 사물과 상황에 호기심을 가지고 탐구하는 자세 없이는 불가능합니다. 두 번째로, 지금도 그렇듯이 공자 시대에도 지위가 높은 사람이 아랫사람에게 묻는다는 것은 쉽지 않았습니다. 어찌 보면 있을 수 없는 일처럼 여기기도 했습니다. 하지만 공문자는 신분을 떠나 혹은 자신보다 지식이 부족할지라도 아랫사람에게 모르는 것을 묻는 것을 부끄러워하지 않았습니다.

오늘날 조직에서는 어떤 가요? 리더로서 배움을 게을리하지 않고 주변 상황이 어떻게 돌아가는지 끊임없이 관찰하고 과거에 답습한 방식만 고수하지 않고 공문자처럼 묻기를 부끄러워하지 않는지요?

현대 조직의 가장 큰 특징은 지식과 스킬의 평준화입니다. 과거 조직은 구성원들의 업력을 높이 평가했습니다. 업력이란, '지식+스킬의 총합'이었습니다. 당연히 팀장이 구성원보다 더 많은 지식과 스킬을 보유했습니다. 그래서 어떤 팀장과 일하느냐에 따라 구성원의 역량이 차이가 날 정도였습니다. 팀장은 늘 구성원들에게 자신의 노하우를 전수해주어야 했습니다. 즉, 티칭의 역할이 중요했습니다.

하지만 요즘의 조직에서 업력은 '경험+노하우의 총합'을 의미합니다. 팀장의 전유물 같은 지식과 스킬은 신입 사원부터 모든 구성원이 언제 어디서든 익힐 수 있습니다. 오히려 구성원들은 기존 지식과 스킬을 리스킬링^{Reskilling}* 또는 업스킬링^{Upskilling}** 하는 수준까지 도달했습니다. 더 이상 팀장이 지식과 스킬을 티칭하는 데 시간을 소비하기보다는 그들이 각자의 성과를 잘 관리할 수 있도록 가이드해주는 역할이 더 중요해졌습니다.

공문자가 그랬듯이 내가 더 높은 지위, 지식 그리고 경험이 있다 하더라도 신입 사원에게 자세를 낮춰 모르는 것을 물어볼 수 있는 리더가 되어야 합니다. 우리 모두는 완벽하지 않기 때문입니다.

---

* 리스킬링(Reskilling): 다른 업무를 위하여 새로운 기술을 배우는 것.
** 업스킬링(Upskilling): 지금 하고 있는 일을 더 잘하거나 복잡한 역할을 수행할 수 있도록 숙련도를 높이는 일.

MZ세대가 일하고 싶은 리더

자 하 왈 군 자 유 삼 변 망 지 엄 연 즉 지 야 온 청 기 언 야 려
子夏曰 君子有三變 望之儼然 卽之也溫 聽其言也厲

자장 9

자하가 말하길, "군자는 세 가지 다른 모습이 있다.
멀리서 보면 위엄 있고, 가까이서 보면 온화하며,
그 말을 들어보면 확고한 모습이다."

"라떼는 말이야~"라는 말이 온라인 커뮤니티에서 시작하여 대중적으로 유행어로 번지면서 우리 사회에 세대 차이를 표현하는 대표적인 말이 되었습니다. 현대 사회에서는 마치 그 시대를 대변하는 듯한 세대의 표현들이 있습니다. 먼저, X세대(1965~1979)는 아날로그와 디지털을 모두 경험한 세대로, 경제적 풍요 속에서 다양한 개성을 표출하며 기성세대와 가장 많이 부딪친 세대였습니다. 그다음은 M(밀레니얼)세대(1980~1994)로, X세대의 다음 세대라는 의미로 Y세대라고도 불렸습니다. 디지털 1세대로 2000년 밀레니얼 시대가 접어들면서 가장 활발히 사회, 경제, 문화에 영

향력을 끼친 세대며 대학 진학률도 가장 높은 세대입니다. 그리고 Z세대(1995~)가 있습니다. '디지털 네이티브'라고도 불리는 세대입니다. 최근에는 2010년 이후에 태어난 '알파 세대'가 있습니다. 알파 세대는 태어나면서 엄마 배 속에서부터 휴대폰을 들고 나온다는 세대입니다. 즉, 어려서부터 기술적인 진보를 경험하며 사람과의 소통보다 인공 지능 기계와의 소통에 익숙한 세대입니다.

대학 졸업 후 신입 사원으로 직장에 첫발을 내디뎠을 때 팀장님 또는 임원분들이 신입 사원에게 가장 많이 하신 말씀이 "요즘 친구들이 X세대라며?", "요즘 친구들은 우리 때와 달라"였습니다. 90년대 후반에 직장 내 리더들이 세대 차이를 진지하게 공부한 첫 리더들이 아닐까 생각합니다. 그때 신입 사원의 눈에는 굳이 세대를 나누어 소통의 앵글을 맞출 필요가 있을까 생각했을 것입니다. 조직은 철저히 하이어라키(Hierarchy, 계층제) 구조로 이루어져 있고, 이 구조에서 업무가 전달되고 디렉션이 내려오기 때문입니다.

X세대가 신입 사원인 시대에도, X세대가 리더인 시대에도 구성원이 원하는 리더의 모습은 다르지 않습니다. 세대의 특징을 이해하고 그들의 눈높이에 맞게 소통해 준다면 사람을 움직이는 힘(리더십)을 발휘해야 하는 리더는 소통의 오류를 조금이라도 덜 수 있습니다. 하지만 구성원이 같이 일하고 싶은 리더가 되어야지 소통만 잘한다고 팀을 성공적으로 이끌 수 있는 것은 아닙니다. 소통은 오히려 두 번째여도 좋습니다. 소통은 구성원이 리더를 리더로서 인정하고 신뢰※하는 것이 선행되어야 가능합니다.

MZ세대 구성원이 같이 일하고 싶은 리더는 어떤 모습의 리더일까요? 세대의 특징을 이해한다는 명목으로 줄임말과 이모티콘을 공부하고, 젊은 사람들이 좋아한다는 장소를 찾아다니고 그들의 유행을 흉내 내는 리더일까요? 반대로 조직의 수직 구조에 기대어 팀 구성원들이 팀장인 자신을 무조건 따르길 기대하고 일방적인 지시와 소통을 하는 리더일까요? 그렇다면 《논어》에서 자하가 일러주는 '군자삼변'을 갖춘 리더는 어떤 모습일까요?

- 멀리서 보면 위엄 있는 엄격함

  리더는 존재만으로 의미와 영향력이 분명해야 한다. 팀장이 휴가인 날에는 팀원들의 출근길 마음은 가볍다. 집에서 엄마가 외출하면 평소 엄마가 먹지 말라는 라면이 먹고 싶은 것 같은 마음이다. 리더라는 존재가 주는 긴장감과 위엄이 있기 때문이다. 리더는 멀리서 보면 위엄 있고 엄격한 사람으로 보일 수 있다. 그런 엄격함은 구성원의 질서와 위기 관리에 중요한 역할을 한다.

- 가까이서 보면 온화한 다정함

  가까이 다가가면 인간적인 따뜻함으로 사람들의 말을 경청하고 상대를 다정하게 대해야 한다. 컬럼비아 대학교 켈리 하딩Kelli Harding 정신의학과 교수는 '사람들은 상대가 다정함을 보이면 본인 역시 다정함을 보일 확률이 높아진다'고 설명하면서 '다정함이 있는 조직 문화를 만들고 싶다면 리더가 먼저 다정함을 보여야 한다'고 강조했다. 리더가 구성원에게 따뜻하고 다정하게 대했을 때 구성원들은 리더에게 지지를 받고, 업무 자율성을 가지며, 리더를 돕기 위해 더 노력한다고 한다. 어느 집이나 아빠가 엄한 역할을 자처하지만 가까이 다가가면 한없이 자녀에게 자상한 아빠처럼 구성원이 리더를 따르는 이유가 두려움이 아닌 구성원을 사랑으로 품을 수 있는 모습이어야 한다.

- 말은 확고한 논리력

가장 무능한 리더는 매번 말이 바뀌고 책임지지 않고 구성원들의 수고를 모른다. 일할 때는 중심을 잡고 명확한 방향을 가리키고, 논리적으로 구성원을 설득하고, 구성원 스스로가 움직일 수 있도록 해야 한다. 리더가 중심을 못 잡고 끊임없이 배우고 노력하지 않는다면 선장 없는 배에 선원들만 태워 바다로 내보내는 것과 같다.

리더십은 리더의 수만큼 다양하다는 말이 있습니다. 리더의 모습과 역할은 한 가지로 설명할 수 없다는 말입니다. 시대가 발전하고 비즈니스를 둘러싼 환경이 하루가 멀게 변화하고 있습니다. 하지만 시대가 변하고 세대가 변해도 팀 구성원이 따르는 리더가 있습니다. 바로 공자의 제자 자하가 말하는 군자의 모습입니다. 그 모습이 진짜 리더십입니다.

미래형 리더가 갖춰야 할 조건

溫故而知新 可以爲師矣

위정 11

옛것을 익히고 새로운 것을 알면 스승이 될 만하다.

《논어》를 접해보지 않은 사람도 '온고지신溫故知新'은 매우 친숙한 사자성어입니다. 학창 시절 교과서에서 한 번쯤은 접했기 때문입니다. 이 사자성어가《논어》'위정'편에 나오는 공자의 말입니다. '온고지신'의 해석은 '옛것을 익히고 새것을 안다'는 뜻으로 과거 전통과 역사가 바탕이 된 후에 새로운 지식을 습득해야 제대로 된 앎이 될 수 있다는 사전적 의미가 있습니다. 또 국어 사전에서는 '옛것을 익히고 그것을 미루어서 새것을 앎'이라고도 설명하고 있습니다.

신기술이 매일 빠르게 진화하는 세상에서 지난 과거의 것을 알고 새로운 것을 익힌다는 것은 결코 쉬운 일이 아닙니다. 주변 환경의 빠른 변화를 좇아가는 것도 급급한 것이 현실이기 때문입니다. 다른 사람들이 요약한 유튜브 영상을 참조하거나 그것도 시간에 쫓겨 더 짧은 숏츠와 같은 영상으로 새로운 것을 익히기에도 바쁜 것이 현실입니다. 공자는 온고지신 하면 남을 가르칠 스승의 자격도 있다고 했습니다. 자신이 익히고 배운 것만 고집한다면 다른 사람을 가르칠 수 없습니다. 공자는 과거를 익히고 배우며 새로운 것, 즉 미래를 내다볼 수 있는 사람이라면 다른 사람을 가르칠 자격이 있다고 말한 겁니다.

우리 직장에서는 누가 스승의 역할을 할 수 있을까요? 현실을 정확히 파악하고 앞으로 나아갈 길을 제시할 수 있는 스승이 우리 조직에는 있을까요? 조직에서 스승과 같은 역할을 할 수 있는 사람은 바로 리더입니다. 공자가 강조한 온고지신을 조직에서 가장 실천적으로 실행해야 하는 사람입니다. 과거, 현재, 미래를 모두 볼 수 있는 안목이 있어야 합니다. 과거 성공했던 방식을 답습하는 대신 과거를 공부하고 현재를 살펴보고 미래를 준비할 수 있어야 합니다.

조직에는 두 종류의 전문가가 있습니다. 과거의 조직 역사와 업무 프로세스를 꿰뚫고 있는 '과거형 전문가' 그리고 현실에 정통하고 문제 해결에 능한 '미래형 전문가'입니다. 과거형 전문가와 미래형 전문가 모두 어느 조직에나 존재하며 귀한 자원들입니다.

하지만 성공적인 리더가 되는 전문가는 미래형 전문가들입니다. 인공 지능은 모든 전문가를 대체할 것처럼 위협적이지만, 결코 인공 지능은 우리의 스승이 될 수는 없습니다. 빠르게 변화하는 조직에서 리더는 미래형 전문가로서 민첩성Agility, 스마트함 Smartness, 유연성Flexibility, 창의성Creativity, 성공 의지Winning Spirit 와 같은 감각을 지녀야 합니다. 일의 감각 또는 센스라고 하는 말들이 최근 많이 활용되는 것도 이런 맥락이라고 할 수 있습니다. 이런 감각 또는 능력은 온고지신을 통해 개발됩니다. 수천 년이 지난 《논어》를 우리가 읽는 것도 몸소 온고지신을 실천하는 것입니다. 《논어》를 읽고 익히는 것에 절대 그치지 않고 실행하고 실험해야 합니다. 이를 바탕으로 미래로 뻗어 나가라는 스승 공자의 목소리 에 귀 기울여야 합니다.

《논어》를 읽고 책을 썼다고 《논어》를 안다고 할 수 없습니다. 읽으면 읽을수록 생각하면 할수록 늘 새롭고 다른 것이 《논어》입니다. 당장 눈앞이 캄캄하고 답답한데 《논어》에서 무슨 답이라도 찾을 수 있을까? 기대했다면 실망할 수도 있습니다.

인 무 원 려 필 유 근 우
人無遠慮 必有近憂

위령공 11

사람이 멀리 내다보며 깊이 생각하지 않으면,
반드시 가까운 근심이 있게 된다.

《논어》에서 뚝딱 해결책이 나올 거라고 생각하고 《논어》를 대한다면 현재 내가 가진 고민, 어려움 그리고 과제를 근시안으로 바라보는 것일 수 있습니다. 《논어》를 통해 한발짝 아니 열 발짝

256

물러나 멀리 내다봐야 합니다. 멀리 보고 넓게 보는 연습을 해야 합니다. 매일 눈앞에 쌓인 문제를 해결하느라 급급하고, 해도 줄지 않는 업무량에 가슴이 답답합니다. "나 지금 잘하고 있는 걸까?" 스스로에게 묻기 시작했다면 그때가 진짜 《논어》가 필요한 때일 겁니다.

자 왈 불 분 불 계 불 비 불 발 거 일 우 불 이 삼 우 반 즉 불 부 야
子曰 不憤不啓 不悱不發 擧一隅不 以三隅反 則不復也

술이 8

공자께서는 스스로 분발하지 않으면 이끌어 주지 않으시고,

표현하지 않으면 일깨워 주지 않으셨으며,

하나를 가르쳐 주었는데 세 가지를 스스로 알아내지 않으면 가르치지 않으셨다.

공자의 수백 개 말 중에 지난 직장 생활에서 가장 큰 깨달음을 준 말을 중심으로 책을 엮었습니다. 아직도 알아가야 할 공자의 지혜는 수백 가지입니다. 《논어》는 재촉하지 않지만 그렇다고 바로 답을 주지도 않습니다. 스스로 탐구하고 깨우치지 않으면 《논어》는 아무것도 내어주지 않습니다. 마치 공자가 제자를 가르칠 때처럼 말입니다('술이 8'편). 같은 말인 듯하면서 다르고 비슷한 말인 듯하면서 같은 말이 있습니다. 당연히 공자의 말을 다 이해하지 못합니다. 그래서 오래 걸립니다. 앞으로도 오래 걸릴 듯합니다. 하지만 분명한 건 어제보다는 오늘이 그리고 내일이 아주

조금이라도 나은 사람이 되려고 노력하는 데 정말 큰 힘이 됩니다.

자 이 사 교   문 행 충 신
子以四敎, 文行忠信

술이 24

공자께서는 네 가지를 가르치셨으니,
그것은 바로 학문, 실천, 성실, 신의였다.

《논어》 속 말 중에 하나만 꼽으라고 한다면 매우 힘든 일입니다. 하지만 《일 잘하는 사람은 논어에서 배운다》를 공자의 가르침으로 요약하자면 '문행충신文行忠信'이라고 할 수 있습니다.

문文 : 지식을 습득하고 배움에 게으름이 없어야 합니다.

행行 : 배움에 그치지 않고 실천해야 합니다.

충忠 : 충실하게 성실해야 합니다.

신信 : 그 모든 것의 바탕에 믿음이 있어야 합니다.

절대 흔들리지 않는 공자의 일의 법칙을 아는 것에 그치지 않고 매일의 삶과 일에 적용하고 실험해야 합니다. 도전하는 마음으로 몸에 체득할 때까지 익히는 것이 중요합니다. 이것이 '문행충신'의 과정입니다. 이 과정을 통해 삶과 일을 풍요롭게 채워 나가길 격렬하게 응원합니다.

끝으로 오늘도 부족한 저를 잡아주고 같이 일해주는 동료들과 그동안 끌어주고 보듬어 주었던 수많은 군자와 같은 동료들에게 깊은 감사의 말을 남깁니다.

일 잘하는 사람은
논어에서 배운다

1판 1쇄 발행 2024년 1월 4일
1판 3쇄 발행 2024년 3월 1일

지은이 김은애

발행인 양원석 **편집장** 정효진
디자인 신자용, 김미선 **영업마케팅** 윤우성, 박소정, 이현주, 정다은, 백승원

펴낸 곳 ㈜알에이치코리아
주소 서울시 금천구 가산디지털2로 53, 20층(가산동, 한라시그마밸리)
편집문의 02-6443-8847 **도서문의** 02-6443-8800
홈페이지 http://rhk.co.kr
등록 2004년 1월 15일 제2-3726호

ISBN 978-89-255-7551-3 (03190)